W0187133

Gabi Neumayer

Geschäftsbriefe schreiben von A bis Z

Fit für den Job

- Alle wichtigen Briefe im Berufsalltag
- Formale Gestaltung und verbindlicher Stil
- Kommentierte Musterbriefe

Eichborn

© Eichborn AG, Frankfurt am Main, Oktober 2004
Umschlaggestaltung: Christina Hucke
Layout: Susanne Reeh
Satz: Fotosatz Amann, Aichstetten
Druck und Bindung: Furldaer Verlagsanstalt, Fulda
ISBN 3-8218-5322-0

Verlagsverzeichnis schickt gern:
Eichborn Verlag, Kaiserstraße 66, D-60329 Frankfurt/Main
www.eichborn.de

Inhalt

Einleitung: Jeder kann wirkungsvolle Briefe schreiben!

Wie schreibt man eine erfolgreiche Mahnung? Was gehört alles in ein Angebot? Wie geht man mit Beschwerden von Kunden um? Sie müssen keine ausgebildete Sekretärin sein, um formal perfekte Geschäftsbriefe zu schreiben, mit denen Sie das erreichen, was Sie wollen. In diesem Ratgeber finden Sie Regeln und Tipps für jede Briefsorte. Und damit Sie gleich loslegen können, gibt es dazu jeweils einen Musterbrief, den Sie einfach übernehmen oder auch für Ihre Zwecke abwandeln können.

Darüber hinaus erfahren Sie hier – einfach erklärt und immer auf Ihren Geschäftsalltag zugeschnitten:

- wie Sie einen Geschäftsbrief richtig aufbauen und gestalten
- wie Sie die richtigen Worte finden
- wie Sie sich das Briefeschreiben mithilfe von Vorlagen und Tricks erleichtern und damit viel Zeit sparen
- wie Sie per Brief Ihre Ziele erreichen – wie Sie also zum Beispiel erfolgreiche Lösungen für Probleme finden, neue Kunden gewinnen und bereits bestehende Geschäftskontakte festigen

Kurz gesagt: Mit diesem Buch bekommen Sie alle Hilfsmittel an die Hand, um in Zukunft schnell und einfach perfekte Geschäftsbriefe zu schreiben, mit denen Sie sowohl Ihre Ziele als auch Ihre Kunden erreichen.

Ich wünsche Ihnen viel Erfolg!

Gabi Neumayer
(www. gabineumayer.de)

So bringen Sie Ihre Briefe in Form

Worauf kommt es bei einem Geschäftsbrief an? Vor allem natürlich auf den Inhalt. Aber auch die richtige Form ist wichtig: Nicht umsonst gibt es formale Vorgaben für Briefe, die in der DIN 5008 (siehe Lektüretipps) gesammelt sind. Sie müssen sich nicht an diese Norm halten. Aber es bringt Ihnen und den Empfängern Ihrer Briefe einige Vorteile, wenn Sie es trotzdem tun:

- Die Empfängeranschrift befindet sich automatisch an der passenden Stelle für einen Fensterumschlag.
- Auch kurze Briefe wirken gut gegliedert.
- Nach DIN gestaltete Briefe sind im Geschäftsleben üblich und kommen deshalb den Sehgewohnheiten und Erwartungen der Briefempfänger entgegen.
- Jedes Element – von der Anschrift bis zu den Anlagen – hat seinen festen Platz. So können Sie nichts Wichtiges vergessen.

Alles am richtigen Platz

In diesem Kapitel erfahren Sie, wo welches Briefelement hingehört und wie Sie sich einen Musterbrief selbst „basteln". Das macht zwar etwas Arbeit – aber nur einmal! Danach können Sie Ihren Universalmusterbrief für alle zukünftigen Briefe als Vorlage verwenden.

Die Musterseite

So wie im folgenden Muster sieht ein Briefblatt nach DIN 5008 aus. Jeder Punkt steht dabei für eine Leerzeile.

Die wichtigsten Hinweise vorab:

- Briefe schreibt man einzeilig. Stellen Sie generell als Zeilenabstand 1 ein.
- Wählen Sie eine Schrift, bei der die Buchstaben unterschiedlich viel Platz einnehmen (so genannte Proportionalschriften, zum Beispiel Times New Roman oder Arial). Solche Schriften sind besser lesbar als nicht proportionale (zum Beispiel Courier).
- Verwenden Sie – ebenfalls wegen der besseren Lesbarkeit – keinen Blocksatz, sondern Flattersatz (linksbündig, die Zeilen laufen rechts unterschiedlich aus).
- Beschreiben Sie das Blatt immer nur auf einer Seite.
- Verschicken Sie ausschließlich maschinen- oder am PC geschriebene Briefe – das ist heute Standard.

! TIPP

Richten Sie sich nach diesem Muster eine Briefvorlage ein. Achten Sie dabei auf die Leerzeilen, und verwenden Sie Platzhalter für die einzelnen Elemente (zum Beispiel „Betreff" oder „Anrede"; siehe auch das Kapitel „So setzen Sie Ihre Textverarbeitung optimal ein").

.
.
.
.
Dina Wollenberg 12. Januar 2005
Diekstraße 32
50823 Köln
Tel. 0221- xxxxxx
.
.
.
.
Einschreiben
.
Rosen AG
Einkauf
Frau Ella Dahlmann
.
40444 Düsseldorf
.
.
.
.
Ihre Anfrage vom ...
.
.
Sehr geehrte Frau Dahlmann,
.
xxxxxxxxx xxxxxxxxxxxxx xxxxxxxx xxx xxxxxxxxx xxxxxxxxxxxx xxxxx xxxxxx
xxxx xxx xxxxxxxxxxxxx xxxxxxx xxxx.
.
[Einrückung]
.
xxxxxxxxx xxxxxxxxxxxxx xxxxxxxxxxx xxxx xxx xxxxx xxxxxxxxxxxxxxxx
xxx xxxxxxxxxx xxxxx xxxxxxxxx xxxxxxxxx xxxxxxxxxxxx xxxxxxxxxx xxxxxx
xxxxxx xxxxxxxxx xxxxxxxxxxxx xxx xxxxxxxxxxxx.
.
xxxx xxxxx xxxxxxx xxxxxxxxxxxxxx.
.
Freundliche Grüße
.
.
.
Anlagen
Prospekt
aktuelle Preisliste
Muster xy

Hier stehen die einzelnen Briefelemente	
mm-Angaben	**Briefelement**
24,1 mm vom linken Rand	Absenderangabe, Verwendungsart, Anschrift, Betreff, Anrede, Fließtext, Gruß, Anlagenvermerk
125,7 mm vom linken Rand	Datum; eventuell auch Anlagenvermerk, sofern unter dem Gruß kein Platz mehr ist
49,5 mm vom linken Rand	Einrückungen

Sehen wir uns die Elemente der Reihe nach an, von oben nach unten.

Der Briefkopf

Wenn Sie keinen besonderen Briefkopf verwenden, beginnen Sie mit Ihrer Absenderangabe in Zeile 5. Sollten Sie einen firmeneigenen Briefkopf haben, kann er nach DIN 5008 entweder 27 oder 45 mm hoch sein. In der Zeile direkt darunter beginnt dann die Absenderanschrift.

Beispiel: Gestalteter Briefkopf, 45 mm hoch

Karina Weber

– Kindermode –

Karina Weber, Wolfgasse 2, 50972 Köln

Natürlich können Sie Ihren Briefkopf gestalten, wie Sie wollen. Er sollte nur nicht so groß sein, dass die Empfängeranschrift nicht mehr ins Fenster eines Fensterumschlags passt! Bedenken Sie außerdem, dass über der Empfängeranschrift Ihre eigene Adresse sichtbar sein sollte (siehe Beispiel). Verwenden Sie dafür eine kleinere Schriftgröße (8 bis 10 Punkt, aber nicht kleiner als 6 Punkt).

Das Datum

Das Datum beginnt nach 125,7 mm, vom linken Blattrand aus gesehen. Wenn Sie keinen Briefkopf verwenden, steht es rechts in der ersten Zeile der Absenderangabe. Wenn Sie einen Briefkopf haben, setzen Sie das Datum rechts in die erste Zeile der Empfängeranschrift.

Sie können es auf verschiedene Weise schreiben:

- „klassisch“: 12.01.2005 oder 12.01.05
- mit Monatsnamen: 12. Januar 2005, 12. Januar 05, 12. Jan. 2005 oder 12. Jan. 05
- nach internationaler Norm: 2005-01-12 oder 05-01-12 (Jahr-Monat-Tag)

Tag und Monat sind dabei immer zweistellig, das Jahr kann zwei- oder vierstellig geschrieben werden.

Die Anschrift

Das Anschriftenfeld umfasst insgesamt neun Zeilen:

1. Sendungsart, besondere Versendungsform, Vorausverfügung (zum Beispiel: Einschreiben; Wenn unbekannt, zurück; Nicht nachsenden)
2. *Leerzeile*
3. Empfängerbezeichnung (zum Beispiel: Frau; Herrn Professor; Familie; Firmenname)
4. Name
5. Postfach oder Straße mit Nummer
6. *Leerzeile*
7. Postleitzahl und Bestimmungsort
8. *Leerzeile*
9. *Leerzeile*

Wenn Sie in Zeile 3 einen Firmennamen einsetzen, können Sie in Zeile 4 Anrede und Namen des Empfängers auch nebeneinander schreiben („Herrn Walter Müller“ zum Beispiel).

! TIPP Bei Auslandsanschriften stehen Postleitzahl und Ort in Zeile 6, in Zeile 7 gehört dann das Land. Ort und Land werden dabei in Großbuchstaben geschrieben.

Beispiele: Anschriften

Zeile	Inland	Ausland
1	Einschreiben	
2		
3	Frau Rechtsanwältin	Herrn
4	Dagmar Siel	Josef Albers
5	Südring 32	Postbus 94823
6		1000 NA AMSTERDAM
7	10842 Berlin	NIEDERLANDE
8		
9		

Bezugszeichenzeile und Informationsblock

Im Musterbrief auf Seite 9 haben Sie vielleicht Platz für weitere Elemente vermisst. Wo bringt man beispielsweise die Durchwahl einer Mitarbeiterin, die Faxnummer oder die E-Mail-Adresse unter? Für solche Angaben gibt es zwei Möglichkeiten: Bezugszeichenzeile und Informationsblock.

Die Bezugszeichenzeile beginnt 80,4 mm vom oberen Blattrand bei einem Briefkopf von 27 mm bzw. bei 97,4 mm, wenn Sie einen Briefkopf von 45 mm Höhe verwenden. Sie besteht aus Leitwörtern, unter denen Sie Ihre Daten eintragen. Beispiele dafür:

- Ihr Zeichen
- Ihre Nachricht vom
- Unser Zeichen
- Unsere Nachricht vom
- Name
- Telefon
- Telefax
- E-Mail
- Datum

Beispiel: Bezugszeichenzeile

Briefkopf

Einschreiben

.

Rosen AG
Einkauf
Frau Ella Dahlmann

.

40444 Düsseldorf

.

.

Ihre Nachricht vom	Unsere Nachricht vom	Name	Telefon	Telefax	Datum
02.05.05	07.05.05	Eva Wagner	0211-3409	-3492	09.05.05

.

.

Ihre Anfrage vom ...

Sie möchten mehr Daten unterbringen, als in eine Bezugszeichenzeile passen? Dann richten Sie stattdessen für Ihre Briefe einen Informationsblock ein. Er beginnt 125,7 mm vom linken Blattrand und auf derselben Höhe wie die erste

Zeile des Anschriftenfeldes. Die Leitwörter sind dieselben wie bei der Bezugszeichenzeile, ebenfalls in dieser Reihenfolge. Nach Bedarf können Sie auch Leitwörter weglassen oder ergänzen. Vor „Name" und dann noch einmal vor „Datum" fügen Sie eine Leerzeile ein.

Beispiel: Informationsblock

Briefkopf	
Einschreiben	Ihre Nachricht vom:
.	Unsere Nachricht vom:
Rosen AG	.
.	Name:
Einkauf	Telefon:
Frau Ella Dahlmann	Mobil:
.	Telefax:
40444 Düsseldorf	E-Mail:
.	.
.	Datum:

! TIPP

Wenn Sie viele Daten unterbringen müssen, dann wählen Sie – wie in unseren Beispielen – für die Leitwörter eine kleinere Schriftart. Mindestens 6 Punkt sollte sie aber haben, um noch lesbar zu sein.

Der Betreff

Nach dem Anschriftenfeld (oder nach der Bezugszeichenzeile) kommen zwei Leerzeilen, dann der Betreff. Betrachten Sie ihn als Inhaltsangabe für Ihren Brief. Und so gestalten Sie ihn am besten:

- fett (oder auch farbig) hervorgehoben
- ohne Schlusspunkt
- ohne das Wort „Betreff“ oder „Betr.“
- kurz und informativ. Der Betreff sollte dem Empfänger einen schnellen Überblick über das Thema des Briefes bieten

Wenn Ihr Brief Teil eines längeren Schriftverkehrs ist, fassen Sie im Betreff zusammen, auf welche vorherigen Briefe Sie sich beziehen. So ist der Empfänger sofort über den Stand der Dinge informiert und kann sich im Zweifel die entsprechenden Briefe schnell heraussuchen. In einem Werbebrief können Sie den Betreff auch gut für Ihre zentrale Werbebotschaft nutzen (siehe S. 87 ff.).

Ein Betreff kann auch mehrzeilig sein. Verteilen Sie die Informationen dann so, dass in jeder Zeile eine Sinneinheit steht – wie in den folgenden Beispielen.

Beispiele: Wirkungsvolle Betreffs	
Ihr Angebot vom ...	Unser Schreiben vom ... Ihre Antwort vom ...
Reklamation Kundennummer: ... Auftragsnummer: ...	Terminänderung Jahrestreffen GDO

Die Anrede

Nach dem Betreff lassen Sie zwei Zeilen frei, dann folgt die Anrede. Sie ist deshalb besonders wichtig, weil Sie an dieser Stelle erstmals direkten persönlichen Kontakt zum Empfänger aufnehmen. Die wichtigste Regel dabei: Sprechen Sie den anderen mit Namen an! „Sehr geehrte Damen und Herren“ ist zwar eine bequeme Floskel, aber viele ärgern sich darüber, wenn jemand es nicht für nötig hält, sich nach dem richtigen Ansprechpartner zu erkundigen. Ausnahme: Wenn Sie allgemein an eine Institution oder Behörde schreiben, können Sie die unpersönliche Anredeform verwenden.

Machen Sie sich ansonsten immer die Mühe, den Namen Ihres Ansprechpartners herauszufinden – es lohnt sich! Im Zweifel rufen Sie im Sekretariat an oder suchen den richtigen Namen übers Internet oder in einer Firmenbroschüre. Und achten Sie darauf, den Namen richtig zu schreiben!

TIPP

Zum Namen gehören auch Titel und Amtsbezeichnungen, zum Beispiel „Sehr geehrter Herr Dr. Weber“, „Sehr geehrte Frau Professorin Habermann“, „Sehr geehrter Herr Ministerpräsident“. Falls Sie unsicher sind, was Titel und Amtsbezeichnungen angeht: Erkundigen Sie sich beim Sekretariat Ihres Ansprechpartners nach der richtigen Anrede, oder schauen Sie in einem Ratgeber nach, beispielsweise im „Protokollarischen Ratgeber“ (siehe Lektüretipps).

Heute schließt man die Anrede nicht mehr mit einem Ausrufezeichen, sondern mit einem Komma ab. Bei Ansprechpartnern, zu denen man noch keinen Kontakt hatte, ist die höflich-distanzierte Anrede „Sehr geehrte/r..." die richtige Wahl. Wenn die Geschäftsbeziehung bereits länger besteht oder sich eine persönliche Bekanntschaft ergeben hat, wählt man in der Regel das freundschaftlich-persönliche „Liebe/r..."

Anrede	
Falsch	**Richtig**
Sehr geehrte Frau Schütz!	Sehr geehrte Frau Schütz,
Hochverehrter Herr Meier,	Sehr geehrter Herr Meier,
Sehr verehrte Frau Bein,	Sehr geehrte Frau Bein,

Der Brieftext

Der eigentliche Brieftext beginnt nach einer Leerzeile hinter der Anrede. Da die Anrede mit einem Komma endet, schreiben Sie danach klein weiter. Absätze werden immer durch Leerzeilen voneinander getrennt. Wie Sie den Brief inhaltlich aufbauen und wirkungsvoll formulieren können, erfahren Sie im Kapitel „So kommen Ihre Briefe gut an" und am Beispiel der einzelnen Briefsorten im Kapitel „Geschäftsbriefe von A bis Z".

Der Gruß

Der Gruß steht nach dem Ende des Brieftextes mit einer Leerzeile Abstand. Heute verwendet man in der Regel nur noch die Grußformeln, die Sie unten in der Tabelle unter „Richtig" finden.

> Erweitern Sie die Grußformel bei engerem Kontakt ruhig einmal, um ihr eine persönliche Note zu geben – zum Beispiel: „Freundliche Grüße aus dem sonnigen Hannover" oder „Herzliche Grüße aus dem Schwabenland".
>
> **TIPP**

Andere Grußformeln verwendet man heute nur noch bei hochoffiziellen Anlässen und Ansprechpartnern beispielsweise aus Adel und Politik. Hinweise zu solchen Sonderfällen finden Sie etwa im „Protokollarischen Ratgeber" (siehe Lektüretipps).

Ein Tipp zum Abschluss: „Verbleiben" Sie niemals mit freundlichen Grüßen – das ist veraltet und wirkt verstaubt.

Gruß	
Falsch	**Richtig**
Mit verbindlichen Grüßen Hochachtungsvoll In tiefer Verehrung ... verbleibe ich mit freundlichen Grüßen ... grüße ich Sie hochachtungsvoll	Mit freundlichen Grüßen Freundliche Grüße Mit freundlichem Gruß

Gruß	
Falsch	Richtig
	bei enger Beziehung: Herzliche Grüße Ich grüße Sie herzlich Viele Grüße *erweitert:* Viele Grüße von Tür zu Tür Herzliche Grüße aus dem österlichen Kassel

Die Unterschrift

Nach dem Gruß lassen Sie genug Platz für die handschriftliche Unterschrift (mindestens drei Leerzeilen). Darunter sollten Sie dann auf jeden Fall den Namen noch einmal maschinenschriftlich wiederholen, denn viele Handschriften sind unleserlich. Schreiben Sie bei der getippten Wiederholung des Namens auch Ihren Vornamen aus! Sonst muss der andere unnötig grübeln, ob er es mit einer Frau oder einem Mann zu tun hat ...

Nicht immer kann derjenige einen Brief unterschreiben, in dessen Namen er verschickt werden soll. Dann unterschreibt beispielsweise die Sekretärin. Dafür gibt es verschiedene Formen mit damit verbundenen rechtlichen Konsequenzen.

Beispiele: Unterschriftenvollmacht	
Form	**Bedeutung**
gez. *Name Chef* (nach Diktat verreist) *Unterschrift Sekretärin* (Sekretärin)	Die Sekretärin übermittelt den Willen des Chefs – und damit ist der Brief rechtlich wirksam.
gez. *Name Chef* (nach Diktat verreist) i. A. *Unterschrift Sekretärin* (Sekretärin)	Die Sekretärin übermittelt den Willen des Chefs – und damit ist der Brief rechtlich wirksam.
ppa. *Unterschrift Sekretärin*	Die Sekretärin hat Handlungsvollmacht – und der Brief ist ebenfalls rechtlich wirksam.
i. V. *Unterschrift Sekretärin*	Die Sekretärin hat Handlungsvollmacht – und der Brief ist ebenfalls rechtlich wirksam.

Anlagen

Der Anlagenvermerk steht mit einer Leerzeile Abstand hinter der maschinenschriftlichen Unterschrift. Er kann fett hervorgehoben werden und lautet „Anlage“ bzw. „Anlagen“.

Wenn Sie mehrere Anlagen beifügen, führen Sie sie der besseren Übersicht halber unter der Überschrift **„Anlagen“** auf, und zwar in Normalschrift. Wenn der Brief so lang ist, dass die Anlagen nicht mehr auf die Seite passen, können

Sie den Anlagenvermerk auch rechts neben die Grüße setzen. Er beginnt dann bei 125,7 mm von der linken Blattkante (wie auch das Datum) und steht in derselben Zeile wie die Grußformel.

Beispiel: Anlagenvermerk bei langen Briefen

Freundliche Grüße	**Anlagen** Prospekt aktuelle Preisliste Muster xy

Nicht vergessen: Die Checkliste für Ihre Briefvorlage

- ✓ Vorlage nach DIN 5008 gestalten (siehe Musterseite S. 9) – oder sich zumindest daran orientieren.
- ✓ Auf Leerzeilen und mm-Angaben achten (siehe S. 10).
- ✓ Briefe immer mit der Maschine bzw. auf dem PC schreiben.
- ✓ Möglichst nicht mehr als eine Seite schreiben.
- ✓ Blätter nur einseitig beschreiben.
- ✓ Einzeilig schreiben.
- ✓ Proportionalschrift verwenden (zum Beispiel Times New Roman, Arial).
- ✓ Flattersatz, nicht Blocksatz einstellen.

- ✓ Absätze jeweils durch eine Leerzeile trennen.
- ✓ Darauf achten, dass die Anschrift ins Fenster eines Fensterumschlags passt.
- ✓ Aussagekräftigen Betreff verwenden.
- ✓ Betreff hervorheben (fett oder auch farbig).
- ✓ Anrede möglichst nicht allgemein formulieren, sondern an eine bestimmte Person richten.
- ✓ Als Gruß „Freundliche Grüße" oder „Mit freundlichen Grüßen" verwenden und eventuell erweitern.
- ✓ Unterschrift maschinenschriftlich wiederholen, mit ausgeschriebenem Vornamen.

So sehen Ihre Briefe perfekt aus

Briefe DIN-gerecht aufzubauen ist das eine. Ebenso wichtig sind aber die äußeren Details. Hier erfahren Sie, wie Sie professionell mit den Schriften umgehen, die heutige PC-Programme bieten, worauf Sie bei der Wahl von Papier und Umschlägen achten sollten – und wie Sie Fehler bei Rechtschreibung und Grammatik vermeiden.

Schriftgrößen und Schriftarten

Der wichtigste Grundsatz für die Schriftwahl beim Geschäftsbrief: Gut lesbar soll sie sein. Das betrifft vor allem die Schriftgröße. Sie fällt bei verschiedenen Schriftarten unterschiedlich aus. Unsere Empfehlungen:

- Bei der gängigsten Briefschrift Times New Roman wählen Sie als Grundschriftgröße am besten 12 Punkt. Wenn Sie einzelne Elemente kleiner setzen wollen (zum Beispiel die Absenderzeile im Briefkopf), gehen Sie auf keinen Fall unter 8 Punkt.
- Courier ist bereits in kleinerer Schriftgröße gut lesbar, daher kommen Sie mit 10 Punkt gut aus.

Grundsätzlich wird der Text eines Briefes nur in einer Schriftgröße geschrieben. Anders sieht das bei informellen Briefsorten wie Einladungen oder Glückwünschen aus: Dort können Sie variieren, also beispielsweise die Überschrift größer setzen als den Haupttext oder besonders wichtige Informationen durch eine andere Schriftgröße hervorheben.

! TIPP Wenn Sie verschiedene Schriftgrößen verwenden, dann sollten sich die einzelnen Größen um mindestens 2 Punkt unterscheiden. Sonst sind die Unterschiede kaum zu erkennen.

Die im Geschäftsbrief üblichen Schriftarten (Times New Roman, Arial, Courier) kennen Sie bereits. Aber es gibt ja noch so viele andere schöne Schriften – haben die alle in der Korrespondenz keinen Platz? In den formellen Briefsorten (Mahnung, Angebot etc.) sicher nicht. Aber es gibt ja auch weniger offizielle Briefe wie Einladungen, Dankesschreiben und Glückwünsche. Dort können Sie Ihrer Fantasie bei der Wahl der Schriften freien Lauf lassen – mit gewissen Einschränkungen: Schriften, die beispielsweise wie Blutstropfen oder Seifenblasen aussehen, sind oft schlecht lesbar.

TIPP

Oftmals reicht es bei diesen Briefsorten jedoch schon aus, nur die Überschrift in einer ungewöhnlichen Schrift zu formatieren. Den weiteren Text setzen Sie dann am besten wieder in einer der üblichen, gut lesbaren Schriften.

Was Sie vermeiden sollten, ist ein Mischmasch verschiedener ungewöhnlicher Schriften. Das sieht unruhig aus, und der optische „Knalleffekt" verliert sich, wenn man sich nicht auf eine Schrift konzentriert.

Papier und Umschläge

Holzfrei und blütenweiß: So musste bis vor einigen Jahren das Papier für Geschäftsbriefe noch sein, wollte man nicht unangenehm auffallen. Das hat sich mittlerweile geändert. Viele sind inzwischen bewusst auf Recyclingpapier umgestiegen. Auch da gibt es längst nicht mehr nur die dunkelgraue Variante. Mit umweltfreundlichem Papier in einem eher weißen als grauen Ton sind Sie immer auf der sicheren Seite, auch bei hoch offiziellen Schreiben. Und Sie tragen damit unserem geänderten Bewusstsein Rechnung.

Geschäftsbriefe werden auf Papier im Format A4 geschrieben; ein Papiergewicht von 80 Gramm ist dabei Standard. Der Standardumschlag für Geschäftsbriefe ist der schmale Fensterumschlag im Format DIN lang (110 x 220 mm). Für dieses Format ist auch die Musterseite ausgelegt, die Sie im vorigen Kapitel kennen gelernt haben. Das Anschriftfeld ist dort so platziert, dass es in einem Standardfensterumschlag sichtbar ist, wenn Sie das Blatt wie vorgesehen beim Falten dritteln.

Dickere Briefe und Unterlagen, die nicht geknickt werden sollen (Verträge, Prospekte etc.), verschicken Sie besser in einem großen Umschlag. Es gibt verschiedene leicht unterschiedliche Größen, in die von wenigen DIN-A4-Blättern bis zu mehrere Zentimeter dicke Papierstapel in A4 passen.

TIPP Die richtigen Größen finden Sie am besten, indem Sie prüfen, welche Papiermengen Sie üblicherweise pro großem Brief verschicken. Gehen Sie damit einfach in ein Schreibwarengeschäft, und probieren Sie aus, welche Umschläge für Ihren Bedarf richtig sind.

Rechtschreibung und Co.

Jetzt müssen Sie eigentlich nur noch an den Feinheiten arbeiten, damit Ihre Briefe wirklich rundum perfekt sind. Denn auch der äußerlich vollkommenste Brief wirkt unprofessionell, wenn es darin von Rechtschreibfehlern und holpriger Grammatik nur so wimmelt.

Zum Glück gibt es hilfreiche Nachschlagewerke für nahezu jeden Bedarf. Und je nach Ihren Anforderungen und persönlichen Vorlieben können Sie bei dabei inzwischen fast immer zwischen Buch und Software wählen.

TIPP Der Software-Wust auf dem PC lässt sich vermeiden, wenn Sie Produkte aus einer Reihe wählen. Die PC-Bibliothek von Duden, Brockhaus, Meyer und Langenscheidt beispielsweise umfasst jeweils alles vom Fachwörterbuch über das Universallexikon bis zur Grammatik – übersichtlich unter einer Oberfläche vereint und gemeinsam verwendbar. Solche Systeme gibt es inzwischen auch von anderen Anbietern.

Hier unsere Empfehlungen für die *Grundausstattung* in Ihrem Büro:

Rechtschreibprüfung neue Rechtschreibung
Ist in jedem neueren Textverarbeitungsprogramm enthalten. Aber Achtung: Die Zeichensetzung wird damit nicht überprüft!

Duden 1: Die deutsche Rechtschreibung
Das Nonplusultra für alle Fragen rund um die Rechtschreibung und die Zeichensetzung.

Grammatik
Bei grundlegenden grammatischen Problemen hilft schon jede neuere Textverarbeitung weiter. Suchen Sie dort gezielt nach der Grammatikprüfung. Ansonsten ist der Duden 4: Grammatik immer eine gute Wahl. Schauen Sie sich auch einmal bei den Schülergrammatiken um! Sie sind in der Regel besonders gut aufgebaut und verständlich geschrieben.

Fachwörterbücher
Ob Medizin, Chemie, Technik oder Wissenschaft: Für fast jeden Fachbereich gibt es inzwischen eigene Nachschlagewerke. Wenn Sie viel mit Fachbegriffen zu tun haben, gehört ein entsprechendes Spezial-Nachschlagewerk auf Ihren Schreibtisch.

Fremdsprachen

Fremdsprachen-Wörterbücher gibt es mittlerweile nicht nur für die „Hauptsprachen“ wie Englisch, Französisch und Spanisch, sondern auch für Russisch, Chinesisch etc. Für Geschäftsbriefe empfiehlt sich eine CD, auf der alle Musterbriefe und Verträge in mehreren Sprachen und zur direkten Verwendung in der eigenen Textverarbeitung enthalten sind.

Anrede

Wer viel mit Menschen aus Politik, Adel und Kirche zu tun hat, sollte ein Nachschlagewerk über die korrekten Anreden besitzen (siehe „Lektüretipps“). Viele Ministerien verschicken auch kostenlose Broschüren.

Zitate und mehr

Nicht unbedingt nötig, aber als Ideenbringer zum Beispiel für kreative Einladungen, Grüße und Beileidsbriefe nützlich sind Zitate-Datenbanken (am besten auf CD wegen der guten Suchmöglichkeiten), Herkunfts- und Bildwörterbücher.

TIPP

Wer nur ein einziges Buch für alle Fragen rund um die deutsche Sprache anschaffen möchte, sollte den „Duden 9: Richtiges und gutes Deutsch“ nehmen. Darin kann man alle wesentlichen Fragen zu Grammatik, Zeichensetzung, Rechtschreibung, Stil etc. nachschlagen.

So setzen Sie Ihre Textverarbeitung optimal ein

Die moderne Textverarbeitung macht es möglich: um nicht jeden Brief neu schreiben und gestalten zu müssen, können Sie entsprechende Vorlagen und Textbausteine verwenden. Wir zeigen Ihnen, wie Sie am effektivsten damit arbeiten.

Vorlagen nutzen

Die Auswahl an preiswerten CDs mit Vorlagen für alle möglichen Briefsorten und Verträge ist groß. Es gibt sie speziell für Geschäftsbriefe, für die private Korrespondenz und den Schriftwechsel mit Behörden; andere umfassen alle Briefsorten gleich in mehreren Fremdsprachen. Auch im Internet gibt es Vorlagensammlungen – einige sind kostenpflichtig, andere nicht. Die Suchmaschinen helfen Ihnen, die richtige zu finden.

Ein großer Vorteil von solchen elektronisch aufbereiteten Vorlagen: In der Regel können Sie sie direkt in Ihre Textverarbeitung übernehmen. Außerdem enthalten viele bereits die verschiedenen Platzhalter für einen Serienbrief wie Anschrift, Datum und Betreff. Damit können Sie besonders schnell und effektiv arbeiten. (Die Arbeit mit Serienbriefen funktioniert in verschiedenen Textverarbeitungsprogrammen unterschiedlich. Nutzen Sie dafür die Hilfe-Funktion Ihrer Textverarbeitung.)

Der Nachteil: Viele Vorlagen sind nicht DIN-gerecht gestaltet. In diesem Fall passen Sie sie den Vorgaben aus dem Kapitel „So bringen Sie Ihre Briefe in Form“ an und speichern sie erst dann auf Ihrem PC ab.

Eigene Vorlagen gestalten

Am besten und schnellsten können Sie mit Vorlagen arbeiten, die genau an Ihren speziellen Bedarf angepasst sind. Dafür bieten sich zwei Wege an:

1. Suchen Sie in diesem Buch (im Kapitel „Geschäftsbriefe von A bis Z"), auf CD oder im Internet nach einer Vorlage, die Ihrem Bedarf am besten entspricht. Geben Sie diese Vorlage ein bzw. speichern Sie sie in einem eigenen Vorlagenordner ab. Passen Sie die Vorlage dann mithilfe von Textbausteinen so an, dass Sie sie – mit kleinen Änderungen – immer verwenden können, wenn Sie eine spezielle Briefsorte brauchen.

TIPP

Finden Sie heraus, wie die Serienbrieffunktion in Ihrer Textverarbeitung funktioniert, und fügen Sie für Anschrift, Datum, Betreff und Gruß Seriendruckfelder ein, die Sie dann beim Briefschreiben automatisch füllen können (zum Beispiel mit Anschriften aus Ihrer Adressdatei).

2. Suchen Sie sich beispielhafte Vorlagen aus Ihren eigenen Unterlagen heraus. Das können Briefe sein, die Sie selbst geschrieben haben, aber auch Briefe von anderen, die Sie besonders gelungen finden. Passen Sie auch diese Briefe wie oben beschrieben an, und speichern Sie sie unter einem gut auffindbaren Namen in Ihrem persönlichen Vorlagenordner ab.

Textbausteine sammeln

Denken Sie manchmal beim Schreiben: „Wie oft habe ich diesen Satz eigentlich schon getippt?“ – Textbausteine sind einzelne Sätze oder Absätze, die Sie immer wieder brauchen. Das kann von der Grußformel bis zu einem Standardabsatz über Ihre Lieferbedingungen reichen, den Sie in jede Auftragsbestätigung einbauen. Woher nehmen Sie diese Textbausteine? Dafür gibt es viele Quellen, zum Beispiel:

- Durchforsten Sie Ihre eigene Korrespondenz.
- Sammeln Sie gelungene Formulierungen aus Briefen, die Sie bekommen.
- Suchen Sie sich passende Bausteine aus Vorlagen in Büchern oder auf CDs heraus.

Das klingt nach viel Arbeit ... Aber es lohnt sich, weil Sie diese einmal erstellten Bausteine immer wieder einsetzen können. Sie können auch erst einmal klein anfangen: Sammeln Sie zum Beispiel täglich nur für zehn Minuten geeignete Formulierungen – nach einer Weile werden Sie eine stattliche Sammlung zusammenbekommen.

Am besten geben Sie ihr gleich von Beginn an eine Struktur, sodass Sie auch dann, wenn die Sammlung größer wird, den Überblick behalten. Sortieren Sie also gleich in verschiedenen Dateien. Es bieten sich zwei Kategorien an:

- Bausteine für eine bestimmte Briefsorte (zum Beispiel Mahnung, Anfrage, Beileid)
- allgemeine Bausteine (zum Beispiel Danksätze, Bezug auf ein vorausgegangenes Telefonat)

Als Beispiel für eine weitere Unterteilung Ihrer Bausteine zu einer bestimmten Briefsorte hier eine einfache Untergliederung für *Angebote*:

- Betreff
- Einleitungssätze
- Produktbeschreibung, -werbung
- Schlusssätze
- Grußformeln
- (Anlagen)
- (Fußnoten)

Die Punkte in Klammern sind nicht immer nötig, sie hängen von Ihren speziellen Anforderungen ab.

TIPP Denken Sie daran, alle Textbausteine gründlich Korrektur zu lesen, bevor Sie sie abspeichern. Kaum etwas ist ärgerlicher, als denselben Fehler x-mal vervielfältigt herauszuschicken.

So kommen Ihre Briefe gut an

Ihre Briefe sollten informativ und verständlich sein und auf den Empfänger positiv und motivierend wirken. Wie erreichen Sie das?

Der ideale Briefaufbau

Ein idealer Geschäftsbrief ist nicht nur DIN-gerecht strukturiert und fehlerfrei, sondern auch empfängerorientiert und klar und verständlich aufgebaut.

Der rote Faden

Der Briefempfänger muss dem Gedankengang des Absenders stets folgen können. Das ist wichtig, damit es nicht zu Missverständnissen kommt. Aber besonders bei komplizierten und umfangreichen Sachverhalten ist das nicht immer einfach. Mit den folgenden Tricks bekommen Sie dieses Problem in den Griff:

- Machen Sie sich Stichworte dazu, was alles in Ihren Brief hinein soll und muss.
- Bringen Sie die einzelnen Argumente und Informationen in eine erste logische Reihenfolge.
- Setzen Sie jedes Argument, jeden abgeschlossenen Gedanken in einen eigenen Absatz.
- Bauen Sie „Brücken“ zwischen den einzelnen Absätzen.

So überprüfen Sie gleichzeitig, ob sich eins wirklich logisch aus dem anderen ergibt. Solche Brücken können zum Beispiel verbindende Wörter oder Wendungen sein wie: „und deshalb ...“, „außerdem ...“, „danach sollten wir ...“, „daraus ergibt sich auch ...“. Wenn Sie zwischen zwei Absätzen keine Verbindung finden können, ist das ein Hinweis darauf, dass Ihre Argumentation an dieser Stelle noch nicht schlüssig ist.

TIPP Wenn Sie dennoch Schwierigkeiten mit dem Aufbau haben, nehmen Sie Ihre Notizen zur Hand, und tragen Sie einem Freund oder einer Kollegin Ihre Argumentation frei vor. Auf diese Weise werden Sie einiges direkt verbessern können und hilfreiche Hinweise von Ihrem Gegenüber bekommen.

An den Empfänger denken

Der letzte Maßstab dafür, ob ein Brief gut aufgebaut ist, ist immer der Empfänger. Bei ihm entscheidet sich, ob ein Brief verstanden wird, ob er positiv „rüberkommt“ und ob alle Fragen beantwortet werden. Dies ist der wichtigste Grundsatz der Korrespondenz:

Versetzen Sie sich in die Lage des Briefempfängers!

Das gilt besonders für den Aufbau eines Briefes. Fragen Sie sich bei der Strukturierung also:

- Würde ich diesen Brief richtig verstehen, wenn ich ihn bekäme?

- Habe ich die für den Empfänger wichtigsten Fragen klar beantwortet?
- Wird deutlich, wie es nach diesem Brief weitergeht (zum Beispiel, wer welche Schritte unternehmen soll)?

Wenn Sie bei einigen Punkten im Zweifel sein sollten, dann suchen Sie sich einen „Testleser" für Ihren Brief, und bitten Sie ihn, Sie auf alle Unklarheiten aufmerksam zu machen.

Der erste Satz

Der Briefeinstieg fällt vielen schwer, daher findet man dort oft nichts sagende und überflüssige Sätze. Dabei sollte der erste Satz den Empfänger doch neugierig machen, positiv einstimmen und sein Interesse wecken! Die folgende Übersicht zeigt, wie Sie einen gelungenen ersten Satz formulieren können.

Der erste Satz	
Falsch	**Richtig**
Wiederholen Sie keine Informationen, die schon im Betreff stehen (zum Beispiel: „Sie haben uns am ... eine Anfrage geschickt.")	Beginnen Sie mit einem Dank und/oder einer für den Empfänger wichtigen Information (zum Beispiel: „Danke für Ihre Anfrage. Wir können Ihnen das folgende Angebot machen: ...")

Der erste Satz	
Falsch	Richtig
Beginnen Sie nicht mit einer Floskel (zum Beispiel: „Bezug nehmend auf Ihr Schreiben ...“)	Stellen Sie den Empfänger und seine Interessen in den Vordergrund (zum Beispiel: „Sie suchen ... – ich biete Ihnen ...“)
Schreiben Sie nicht etwas Selbstverständliches (zum Beispiel: „Hiermit möchten wir auf Ihre Terminanfrage antworten.“)	Beginnen Sie sofort mit Ihrem Thema (zum Beispiel: „Für die Montage Ihrer Küche können wir Ihnen diese Termine anbieten: ...“)

TIPP

Viele brauchen den ersten Satz, um sich erst einmal „warmzuschreiben“. Wenn es Ihnen genauso geht: Schreiben Sie ruhig einen überflüssigen ersten Satz – und streichen Sie ihn am Ende wieder. Mit dem zweiten Satz springen Sie nämlich meist direkt mitten hinein ins Thema. Ihr Gegenüber wird das zu schätzen wissen!

Der letzte Satz

Der letzte Satz ist ebenso wichtig wie der erste. Er vermittelt den berühmten letzten Eindruck. Unsere Tipps, wie Sie ihn am besten nutzen:

1. **Geben Sie dem Brief eine persönliche Note**
   Beispiele: „Ich bin froh, dass wir diese Angelegenheit klären konnten. Die gute Zusammenarbeit mit Ihnen ist mir wichtig.", „Kann ich sonst noch etwas tun, um die Angelegenheit zu beschleunigen?"

2. **Motivieren Sie den anderen zum Handeln**
   Beispiele: „Haben wir damit alles geklärt? Wenn nicht: Rufen Sie mich einfach an.", „Können Sie mir den Vertrag bis zum ... schicken?"

3. **Geben Sie eine Zusatzinformation, die wichtig ist, aber nicht direkt etwas mit dem Briefthema zu tun hat**
   Beispiele: „Vom ... bis zum ... nehme ich übrigens meinen Winterurlaub. Danach bin ich – gut erholt – wieder für Sie da.", „Ab dem ... erreichen Sie mich übrigens unter einer neuen Durchwahl: ..."

Wenn Sie den anderen zu einer Aktion bewegen wollen, bietet sich eine Frage als letzter Satz an. Damit fordern Sie eine Antwort direkt heraus.

Sprache und Stil

Der Stil vieler Geschäftsbriefe lässt auch heute noch viel zu wünschen übrig. Da wimmelt es von kompliziert verschachtelten Sätzen, merkwürdigen Ausdrücken, unverständlichen Formulierungen ... Wie Sie Ihre Briefe sprachlich modern, verständlich und lesefreundlich gestalten, erfahren Sie in diesem Kapitel.

Schreiben und Sprechen

Wer nur selten Briefe schreibt, vermutet oft, dass dafür eine völlig andere Sprache notwendig ist als für den „Alltagsgebrauch". Viele Briefe lesen sich auch genau so, als hätte sich jemand vorgenommen, besonders „gestelzt" zu schreiben. Dabei ist das gefürchtete „Beamtendeutsch" mittlerweile längst out.

Stattdessen sollte ein Brief heutzutage klar, einfach, verständlich und persönlich geschrieben sein. Doch wie erreicht man das?

Die wichtigste Empfehlung: Orientieren Sie sich beim Schreiben daran, wie Sie sprechen!

Wenn Ihnen das zu Beginn Mühe macht, versuchen Sie es mit diesem Trick: Notieren Sie sich in Stichworten, was in Ihrem Brief stehen soll. Stellen Sie dann einen Kassettenrekorder oder ein Diktiergerät an, und formulieren Sie den Brief laut. Einiges werden Sie nachher noch glätten und umstellen wollen – aber die Grundlage für den angemessenen Stil haben Sie damit schon gelegt!

Moderner Briefstil	
Falsch	**Richtig**
Nach Überprüfung des Sachverhalts ...	Wir haben ... überprüft.
Bezug nehmend auf Ihr Schreiben ...	Danke für Ihren Brief.

Moderner Briefstil	
Falsch	Richtig
In Ermangelung einer Alternative müssen wir ...	Leider können wir nicht ... Stattdessen bieten wir Ihnen an ...
Wir werden dieses Problem sicher einer Lösung zuführen können.	Wir werden sicher gemeinsam eine Lösung finden.

Wörter und Sätze

Welche Wörter Sie verwenden und wie Sie Ihre Sätze bauen, hat großen Einfluss auf die Verständlichkeit und den Gesamteindruck.

Hier unsere Tipps zur *Wortwahl*:

- Statt „Papierausdrücken" immer besser Alltagswörter verwenden (nicht „zur Überprüfung bringen", sondern „überprüfen"; nicht „hochachtungsvoll", sondern „freundliche Grüße").
- Nur Abkürzungen verwenden, die dem Empfänger mit Sicherheit bekannt sind. – Sollten weitere notwendig sein, müssen sie beim ersten Auftauchen allgemein verständlich erläutert werden.
- Fachsprache nur unter Fachleuten verwenden, ansonsten erklärende Umschreibungen suchen.

Für die optimale Satzlänge liest man immer wieder Empfehlungen wie „Sätze mit mehr als 9/13/25 Wörtern sind unverständlich“. Im Grunde ist jedoch weniger die Satzlänge ausschlaggebend für die Verständlichkeit als vielmehr der Satzbau. Vergleichen Sie einmal die folgenden Beispiele.

Satzstruktur	
1. Falsch	Spezielle Qualifikationen, die ich bereits in meiner praktischen Arbeit, vor allem beim Rundfunksender XY, testen konnte, bringe ich im Bereich Redaktion, vor allem Kinderhörspiele, mit.
2. Besser	Spezielle Qualifikationen habe ich im Bereich Redaktion erworben (speziell von Kinderhörspielen), und ich konnte sie bereits in meiner praktischen Arbeit testen – vor allem beim Rundfunksender XY.
3. Richtig	Spezielle Qualifikationen habe ich im Bereich Redaktion erworben (speziell von Kinderhörspielen). Ich konnte sie bereits in meiner praktischen Arbeit testen – vor allem beim Rundfunksender XY.

Das erste Beispiel ist mehrfach verschachtelt, Zusammengehöriges wird auseinander gerissen. Im zweiten Beispiel gibt es nur noch einen Einschub, und der ist durch die Klammern klar erkennbar. Im dritten Beispiel wurden aus einem Satz zwei gemacht, wodurch die Menge der Informationen pro Satz verringert wurde – ein weiterer Schub für die Verständlichkeit.

Wenn Sie manchmal eine Verschachtelung nicht vermeiden können, machen Sie zumindest durch eine klare Zeichensetzung deutlich, was zusammengehört. Statt mehrere Kommas zu setzen, können Sie einen Einschub beispielsweise in Klammern oder in Gedankenstriche setzen (siehe Beispiel 2 links).

Wie unverständlich auch ganz kurze Sätze sein können, sehen Sie an diesem Beispiel: „Die im Rahmen der Prüfung der Anlage erfolgten Einzeltests sind abgeschlossen." Das ist ein klassischer Fall von Nominalstil – es gibt jede Menge Nomen (Hauptwörter; hier „Rahmen, Prüfung, Anlage, Einzeltests"), aber nur ein Verb (Tätigkeitswort; hier „sind abgeschlossen").

Solche Sätze würden wir im Gespräch niemals formulieren. Den Lesern wird das Verstehen gleich mehrfach erschwert:

- Zusammengehöriges steht weit auseinander („Die ... Einzeltests").
- Man muss überflüssige Wörter einfügen, hier „erfolgt" (ein Wort, das Sie komplett aus Ihrem Wortschatz streichen sollten, weil es immer zu umständlichen Formulierungen führt).

TIPP

Wenn Ihnen solche Sätze manchmal „unterlaufen", ohne dass Sie gleich wissen, wie Sie es besser machen könnten, dann schreiben Sie den Satz erst einmal auf eine ganz alltägliche Situation um, zum Beispiel: „Die Auswahl des Reiseziels durch Hilde und Werner erfolgte gleich nach der Sichtung der Prospekte." Sie werden dann schnell eine bessere Formulierung finden, hier zum Beispiel: „Hilde und Werner sahen sich die Prospekte an und suchten dann ihr Reiseziel aus."

Fünf Profi-Tipps für noch bessere Geschäftsbriefe

Sie sind inzwischen rundum gewappnet fürs Briefeschreiben, sowohl was den formalen Aufbau als auch was die sprachliche Seite betrifft. Die folgenden Tipps sind das Tüpfelchen auf dem i und ermöglichen Ihnen den Sprung vom guten zum hervorragenden Brief.

Wie man in den Wald hineinschreibt …

Auch in Geschäftsbriefen geht es ja nicht nur um Inhalte, sondern auch um Persönliches, um Beziehungen zwischen Menschen. Sie können von sich aus eine Menge für eine positive Geschäftsbeziehung tun, indem Sie stets klar und verständlich, sachlich und freundlich, persönlich und lösungsorientiert schreiben. Doch das Hauptkriterium sollte für Sie immer die Empfängerorientierung sein. Behalten Sie also immer im Hinterkopf, dass es ein „echter Mensch" ist, dem Sie einen Brief schreiben.

Achten Sie auch darauf, wie der Briefempfänger sich Ihnen gegenüber verhält. Wenn Sie also jemand mit „Sehr geehrte Frau …" anspricht, dann antworten Sie auf derselben Ebene mit „Sehr geehrter Herr …" – und nicht etwa mit „Hallo, Herr …"

Zeit ist Geld

Das gilt nicht nur für Sie, sondern auch für die Empfänger Ihrer Briefe. Also:

- **Fassen Sie sich kurz.**
  Ein Geschäftsbrief sollte nur in begründeten Ausnahmen mehr als eine Seite umfassen.
- **Kommen Sie schnell auf den Punkt.**
  Verschwenden Sie keine Zeit mit einer umständlichen Einführung, indem Sie beispielsweise die Informationen aus dem Betreff noch einmal im Brieftext wiederholen.
- **Schreiben Sie verständlich.**
  Einfache Wörter, einfache Sätze, ein Gedanke pro Satz, ein klarer roter Faden – die Kriterien für verständliches Schreiben kennen Sie inzwischen ja.

Zwei Fliegen mit einer Klappe

Jeder Briefkontakt lässt sich für mehrere Zwecke nutzen. Sogar eine simple Rechnung hat beispielsweise im PS Platz für die Ankündigung einer neuen Hotline.

Kleine Briefe erhalten die Freundschaft

Auch wenn wir unter einer Papier- und Informationsflut zu ersticken drohen: Manchmal ist es sinnvoll, einen kleinen Brief (oft noch besser: eine E-Mail) zu schreiben, auch wenn keine Entscheidungen anstehen. Briefe in Situationen wie den folgenden können nämlich als „Schmiermittel" für außergewöhnlich gute Geschäftsbeziehungen dienen. Und damit erleichtert man sich nicht nur den Umgang, sondern tut auch eine Menge für die Kundenbindung. Einige Beispiele:

- ein kleiner Dank für die unbürokratische Hilfe eines Beamten oder für die hilfsbereite Reisebüromitarbeiterin
- der Hinweis auf eine nützliche Webseite oder eine andere Information, die zu den Interessen des Geschäftspartners passt
- ein kurzes freundliches Feedback nach einem persönlichen Treffen
- ein Zwischenbescheid, wenn sich eine Angelegenheit länger hinzieht

Die beste Werbung für Sie

Betrachten Sie jeden Brief immer auch als Werbemittel! Denn mit jedem Brief stellen Sie sich und Ihr Unternehmen dar und tragen zu seinem Image bei. Das bedeutet: Wenn Sie klar und persönlich kommunizieren und auf die Bedürfnisse Ihres Gegenübers eingehen, dann machen Sie positive Werbung – und grenzen sich damit schon von vielen Ihrer Mitbewerber ab.

Geschäftsbriefe von A bis Z

Von Absage bis Zwischenbescheid: In diesem Kapitel finden Sie Briefmuster für alle Briefsorten, die man im Geschäftsleben braucht. Diese Muster können Sie in vielfältiger Weise in Ihrem Arbeitsalltag verwenden:

- Sie übernehmen die Muster und setzen nur Ihre eigenen Daten ein.
- Sie übernehmen einzelne Absätze oder Formulierungen als Textbausteine für Ihre Korrespondenz.
- Sie überprüfen Ihre Briefvorlagen darauf, ob sie alle wichtigen Daten und Fakten enthalten, und ergänzen, was fehlt.

Zu jedem Brief gibt es außerdem Tipps und Regeln, die Ihnen dabei helfen, eigene Briefe frei und sicher zu formulieren.

Absage

Briefkopf

Herrn
Walter Weseling
Poststraße 5

70938 Stuttgart

23. Mai 2005

Ihre Bewerbung vom 25. April 2005

Sehr geehrter Herr Weseling,

herzlichen Dank, dass Sie sich bei uns beworben haben.

Nachdem wir alle Bewerbungen gründlich geprüft haben, steht unsere Entscheidung nun fest. Ihre Qualifikationen haben uns beeindruckt, aber wir haben uns trotzdem für eine Mitbewerberin entschieden. Sie verfügt bereits über mehrjährige Erfahrung im Bereich ..., und das hat für uns letztlich den Ausschlag gegeben.

Wir sind überzeugt, dass Sie mit Ihrem hervorragenden Profil schon bald eine neue Stelle finden werden, und wünschen Ihnen viel Glück und Erfolg für die Zukunft.

Freundliche Grüße
Hannelore Helm

Absagen zu schreiben ist immer schwierig – wer überbringt schon gern schlechte Nachrichten? Aber Sie können eine Menge dafür tun, dass Ihre Absage beim Empfänger keinen unangenehmen Nachgeschmack hinterlässt, ihn entmutigt oder verärgert. In unserem Briefbeispiel finden Sie die Elemente, die jede gute Absage enthalten sollte, egal ob es um eine Bewerbung oder eine Einladung geht:

- Dank (für die Bewerbung, die Einladung etc.)
- Begründung für die Absage (besser qualifizierter Bewerber, bereits bestehender Termin etc.)
- gute Wünsche (für die Zukunft, für die Party etc.)

Gerade eine Absage auf eine Bewerbung ist eine heikle Sache. Für den Empfänger des Briefes steht ja eine Menge auf dem Spiel. Deshalb sollten Sie möglichst auch etwas Positives hervorheben (in unserem Beispiel die hervorragenden Qualifikationen).

TIPP

Machen Sie aber trotzdem gleich zu Beginn deutlich, dass es sich um eine Absage handelt. Wer zuerst langatmig Positives hervorhebt, erweckt schnell den falschen Eindruck, dass der Empfänger es hier mit einer Zusage zu tun hat – und dann ist die Enttäuschung am Ende umso größer.

Anfrage

Briefkopf

Frau
Sabine Wewes
Agentur Olbers
Grasallee 13

50924 Köln

2. Juni 2005

Anfrage: Texten, Gestaltung und Druck einer Festschrift

Sehr geehrte Frau Wewes,

zum fünfzigjährigen Bestehen unseres Unternehmens planen wir eine Festschrift. Sie soll etwa 80 DIN-A5-Seiten Umfang haben und muss Anfang Oktober fertig gedruckt vorliegen. Gern würden wir Ihr Angebot für das Texten bzw. das redaktionelle Bearbeiten von Texten und für die Gestaltung der Festschrift einschließlich Druck einholen. Hier die Rahmendaten für das Projekt:

- Festschrift, ca. 80 DIN-A5-Seiten, etwa 90 Prozent Textanteil, etwa 10 Prozent Schwarz-Weiß-Grafiken (die von uns gestellt werden)
- Fertigstellung einschließlich Druck bis Anfang Oktober 2005
- Die Texte erhalten Sie von uns größtenteils in einer Rohfassung, die von Ihnen bearbeitet werden müsste. Für etwa ein Drittel der Texte würden wir Ihnen nur Stichwortmanuskripte schicken.
- Die Redaktion der Texte und die Gestaltung sollen mit zwei Mitarbeitern in unserem Haus abgestimmt werden.
- Die technische Umsetzung einschließlich Druck (500 Exemplare) sollten Sie übernehmen.

Was uns an Ihrem Angebot besonders interessiert:

- Bis zu welchem Termin könnten Sie das Projekt fertig stellen?
- Welche Kosten entstehen im Einzelnen a) für die Bearbeitung von Rohmanuskripten, b) für das Texten nach Stichwortvorgaben, c) für die technische Gestaltung einschließlich Einbinden der Grafiken, d) für den Druck von 500 Exemplaren?
- Wie sind Ihre Liefer- und Zahlungsbedingungen?
- Was sollten wir sonst noch wissen, bzw. welche Angaben brauchen Sie noch von uns?

Zu Ihrer Information lege ich einen bereits fertigen Rohtext und ein Stichwortmanuskript für einen weiteren Text bei.

Herzlichen Dank schon einmal für Ihr Angebot, das wir gern bis zum 15. Juni vorliegen hätten.

Mit freundlichen Grüßen
Karl Hammbach

Anlagen
2 Manuskripte

Wer eine Anfrage schreibt, will konkrete Informationen erhalten. Sonst muss man immer wieder nachfragen, und das kostet Zeit und Arbeit. In unserem Musterbrief sehen Sie, wie Sie am besten alle Informationen bekommen, die Sie brauchen: indem Sie ganz gezielt und im Detail nach allem fragen, was Sie wissen wollen. Am günstigsten ist es, wenn Sie Ihre Anfrage gleich in Listenform formulieren. So können Sie die Angebote später einfach nebeneinander legen und dann besonders leicht vergleichen (sofern sich die Anbieter an Ihre Vorgaben gehalten haben).

Nicht vergessen: Die Checkliste für Ihre Anfrage

- ✓ Details zur gewünschten Ware oder Dienstleistung: Menge, Qualität, Umfang, Farbe, Größe, Material etc.
- ✓ Liefertermin (Ihre Wünsche und Vorgaben geben Sie am besten gleich mit an).
- ✓ Preisangebot (Rabattmöglichkeiten?).
- ✓ Liefer- und Zahlungsbedingungen.
- ✓ Betreuung/Support.
- ✓ Gewünschte Form des Angebots.
- ✓ Frist für die Abgabe des Angebots.
- ✓ Was sollten wir sonst noch wissen/klären?

Der letzte Punkt der Checkliste ist besonders wichtig. Denn man kann als Anfragender nicht immer alles voraussehen und damit erfragen, was für ein Spezialprojekt von Bedeutung ist.

Angebot

Briefkopf

Frau
Karin Schiweg
Klausen GmbH
Rosendamm 5

40923 Düsseldorf

14. August 2005

Ihre Anfrage vom 10. August
Maler- und Tapezierarbeiten

Sehr geehrte Frau Schiweg,

vielen Dank für Ihre Anfrage. Wir haben nach der besten und zugleich günstigsten Lösung für Sie gesucht – hier unser Angebot über die von Ihnen gewünschten Maler- und Tapezierarbeiten:

Tapezieren der Lobby (etwa 140 qm) mit Raufaser:	. . . Euro
Streichen der Lobby mit ökologisch geprüfter XY-Farbe:	. . . Euro
Streichen des Nebenraums (etwa 80 qm):	. . . Euro
	. . . Euro (. . .% MwSt.)
Gesamt:	. . . Euro

Alle anfallenden Nebenarbeiten wie das Abdecken und Abkleben von Fußböden und Fensterrahmen und die umweltgerechte Entsorgung der alten Tapeten sind selbstverständlich im Preis eingeschlossen.

Darüber hinaus gehört auch eine ausführliche Farbberatung bei uns zum Service. Wir freuen uns, wenn Sie dieses kostenlose Extraangebot in Anspruch nehmen.

Wie gewünscht, könnten wir sämtliche Arbeiten in dem Zeitraum zwischen . . . und . . . erledigen.

Bitte prüfen Sie unser Angebot in Ruhe. Sollten Sie noch Fragen haben, stehen Ihnen unsere Fachleute jederzeit zur Verfügung. Und wenn es noch etwas geben sollte, das Sie wissen möchten: Rufen Sie mich bitte einfach an.

Mit freundlichen Grüßen
Ines Wagner

Ein Angebot ist in der Regel die Antwort auf eine Anfrage. Sie sollten also auf sämtliche Punkte der Anfrage eingehen – konkret und möglichst auch in der Reihenfolge, die in der Anfrage vorgegeben ist. So erleichtern Sie dem anderen die Arbeit, und das wird er zu schätzen wissen!

Wer sich heute mit seinem Angebot durchsetzen will, muss in einem harten Wettbewerb bestehen. Verschaffen Sie sich einen Wettbewerbsvorteil, indem Sie sich so gut wie möglich in die Lage des anderen versetzen. Stellen Sie sich die folgenden Fragen, und lassen Sie Ihre Antworten in das Angebot einfließen:

- Was scheint dem Kunden der Anfrage zufolge besonders wichtig zu sein? Was kann ich ihm dabei Besonderes bieten?
- Welche Vorteile kann ich ihm nennen, auf die er selbst noch nicht gekommen ist?
- Welches „Extrabonbon" kann ich anbieten?
- Gibt es Einwände, die ich vorwegnehmen und entkräften kann?

Beispiel:
„Aus Gesprächen mit Kunden weiß ich, dass auch das System unseres Mitbewerbers XY bei vielen im Gespräch ist. Unser System bietet Ihnen jedoch einen zusätzlichen Vorteil: ..."

Für Tipps zum unverlangten Angebot schauen Sie bitte im Kapitel „Werbebrief" nach.

Antwort auf Beschwerde

Briefkopf

Herrn
Adam Sadel
Weinstraße 6

10983 Berlin

9. August 2005

Ihr Brief vom 6. August

Sehr geehrter Herr Sadel,

herzlichen Dank für Ihren Brief. Bitte entschuldigen Sie, dass wir Ihnen versehentlich statt der bestellten vier Kisten Montechristiano einen anderen Rotwein geschickt haben.

Eben habe ich veranlasst, dass die richtige Lieferung noch heute an Sie herausgeht. Bitte schicken Sie uns die Falschlieferung einfach auf unsere Kosten zurück. Als kleine Entschädigung für Ihre Mühe habe ich der heutigen Lieferung eine kleine Überraschung beigefügt, die Sie als Weinkenner sicher zu schätzen wissen.

Damit uns ein solcher Fehler in Zukunft nicht mehr passiert, werden wir unsere Kontrollen weiter verbessern. Wir hoffen, Sie trotz dieser Fehllieferung als guten Kunden zu behalten.

Mit freundlichen Grüßen
Clemens Haller

Wenn jemand sich beschwert, ist irgendetwas schief gelaufen: Eine Lieferung war fehlerhaft, ein Termin wurde nicht eingehalten ... Das bedeutet für Sie zweierlei:

- Es gibt ein sachliches Problem, das zu lösen ist.
- Die emotionale Seite der Beschwerde (Ärger, Wut) muss ebenfalls berücksichtigt werden.

Die Lösung des Problems

Die erste Aufgabe ist dabei einfacher zu bewältigen. Hier kommt es vor allem darauf an, dass Sie schnell handeln und eine Lösung finden, die den Kunden zufrieden stellt. Schicken Sie bei einer Fehllieferung also sofort die richtige Lieferung nach, oder machen Sie bei einer fehlerhaften Dienstleistung konkrete Vorschläge, wie, wann und auf welche Weise Sie den Fehler beheben können.

> Am besten schreiben Sie Ihren Antwortbrief erst dann, wenn Sie schon etwas unternommen haben. Das wirkt wesentlich besser, als wenn Sie nur Schritte für die Zukunft ankündigen!
>
> **TIPP**

Die emotionale Seite

Der Kunde wird in jedem Fall ärgerlich sein, wenn etwas nicht geklappt hat. Das sollten Sie ernst nehmen! Nur so vermeiden Sie, dass ein schlechter Nachgeschmack bleibt und der Kunde Ihnen eventuell ganz abhanden kommt. Das einfachste Mittel: Entschuldigen Sie sich ehrlich, ohne drumherum zu reden oder Ausflüchte zu suchen. Denn:

- Sie vergeben sich nichts damit, sondern tragen zu einer positiven Verständigung bei.
- Ihr Gegenüber wird sich beruhigen und dadurch eher für die Lösung aufgeschlossen sein, die Sie anbieten.

TIPP Am leichtesten wird Ihnen der richtige Ton für Ihre Antwort auf eine Beschwerde fallen, wenn Sie die Angelegenheit einmal durch die Augen des anderen zu sehen versuchen.

Und wenn der Fehler beim Kunden liegt?

Manchmal liegt der Fehler auch beim Kunden. Was unternimmt man in so einem Fall?

Fehl am Platz sind auf jeden Fall Ironie, Rechthaberei oder beleidigtes Gebaren. Der Kunde hat sich geärgert, und das sollten Sie keineswegs noch verstärken, wenn Sie an der Geschäftsbeziehung weiter interessiert sind! Konzentrieren Sie sich stattdessen auf die Lösung des Problems. Damit der Kunde auch in Zukunft Ihr Kunde bleibt.

Nicht vergessen: Die Checkliste für Ihre Antwort auf eine Beschwerde

✓ Bedauern ausdrücken, sich entschuldigen.

✓ Schnell etwas zur Lösung des Problems unternehmen.

✓ Besserung für die Zukunft versprechen.

✓ Ironie, Vorwürfe, Rechthaberei vermeiden.

✓ Sich auf die Lösung des Problems konzentrieren.

Beileidsbrief

„Mit den Flügeln der Zeit fliegt die Traurigkeit davon."
(J. de La Fontaine)

Liebe Frau Weselberg,

es fällt mir schwer, die passenden Worte in dieser Situation zu finden.
Sie haben Ihren Mann verloren, und dafür gibt es kaum einen Trost.
Doch Sie sollen wissen, dass ich mit Ihnen fühle.

Fast zwanzig Jahre lang war Ihr Mann mein Ansprechpartner bei der Happel AG, und in dieser Zeit habe ich ihn sehr schätzen gelernt. Er war jederzeit hilfsbereit und hat mich immer wieder mit seiner Kompetenz beeindruckt.

Ich bin sicher, nach einiger Zeit werden Sie einen Weg aus Ihrer Trauer finden – und sich dann vor allem an die glücklichen Zeiten mit Ihrem Mann erinnern können.

Bitte rufen Sie mich an, wenn ich etwas für Sie tun kann.

Ich fühle mit Ihnen
Henriette Gesing

Ein Beileidsbrief gehört mit zu den schwierigsten Briefsorten. Viele Menschen greifen dann auf angeblich bewährte Floskeln zurück. Doch auch der Empfänger kennt diese Floskeln und wird sich dadurch kaum persönlich angesprochen fühlen!

TIPP

Vermeiden Sie nichts sagende Redensarten, und machen Sie sich stattdessen Ihr Verhältnis zum Verstorbenen und zum Hinterbliebenen bewusst. Auch bei Unbekannten können Sie auf diese Weise einen persönlichen Anknüpfungspunkt finden. Und wenn Sie selbst schon einmal getrauert haben, finden Sie auch einen persönlichen Ansatz für Ihre tröstenden Worte.

Diese Fragen können Ihnen helfen, persönliche Formulierungen zu finden:

- In welcher Beziehung stand ich zum Verstorbenen?
- Was ist mir an ihm während der Zusammenarbeit/der Geschäftsbeziehung positiv aufgefallen?
- Welche Erlebnisse haben wir geteilt? (schwierige Verhandlung, Feiern etc.)
- Welche Eigenschaften habe ich oder hat mein Chef am Verstorbenen besonders geschätzt?

Vermeiden Sie bei aller Anteilnahme auf jeden Fall, Salz in die Wunden der Hinterbliebenen zu streuen. Schwelgen Sie also nicht im Leid, sondern konzentrieren Sie sich auf die Überwindung der Trauer und tröstende Worte.

Was die Form betrifft, so sollte ein Beileidsbrief oder eine Beileidskarte von Hand verfasst werden. Wenn Sie eine vorgedruckte Karte verwenden, fügen Sie handschriftlich auf jeden Fall noch etwas hinzu. Firmenbriefpapier ist für diesen Anlass übrigens nicht zu empfehlen. Ein neutraler Briefbogen ist die bessere Wahl.

Ein schöner Beginn für einen Beileidsbrief ist ein passendes, tröstendes Zitat. Damit hat man dann auch schon einen Aufhänger für den Brieftext. **! TIPP**

Beileid	
Falsch	**Richtig**
In tiefster Betroffenheit In aufrichtiger Anteilnahme Der plötzliche und unerwartete Tod . . .	Ich fühle mit Ihnen. Die Nachricht vom Tod Ihres . . . hat mich sehr getroffen. Ich war sehr traurig, als ich gestern vom Tod Ihres . . . erfuhr.

Nicht vergessen: Die Checkliste für Ihren Beileidsbrief

✓ Anteilnahme, Mitgefühl ausdrücken.

✓ Würdigung des Verstorbenen, Erinnerung an gemeinsame Erlebnisse.

✓ Trost aussprechen.

✓ Hilfsangebot machen, wenn man sich näher kennt.

✓ Keine Floskeln verwenden, sondern persönlich formulieren.

✓ Nicht im Leid – dem eigenen oder dem des anderen – schwelgen.

✓ Den Brief oder die Karte handschriftlich verfassen.

✓ Kein Firmenbriefpapier verwenden, sondern neutrales Papier oder eine Karte.

Beschwerde/Reklamation

Briefkopf

Schweins GmbH
Leberweg 13

00032 Heuwald

6. Juni 2005

Ihre Rechnung vom 3. Juni

Sehr geehrte Damen und Herren,

in Ihrer Rechnung vom 3. Juni ist eine Preiserhöhung von 12 Prozent enthalten. Sie haben uns darüber vorab nicht informiert, sondern damit unseren Vertrag einseitig geändert.

Vereinbart waren ... Euro, daher überweisen wir Ihnen diesen Betrag. Über die zukünftigen Preise sollten wir dann noch einmal sprechen.

Freundliche Grüße
Hermann Isel

Das klingt gar nicht wie eine typische Beschwerde oder Reklamation, finden Sie? Stimmt. Normalerweise merkt man einem Beschwerdebrief den Ärger des Absenders deutlich an. Aber wenn Sie in einer Beschwerde Ihren Ärger deutlich zum Ausdruck bringen, erreichen Sie nur eines: Der Empfänger wird sofort in Verteidigungsstellung gehen. Ein langwieriger Schlagabtausch ist dann meist die Folge.

Sicher, wenn wir uns ärgern, wollen wir das dem anderen auch mitteilen. Aber bedenken Sie, wenn Sie im ersten Zorn eine Beschwerde verfassen: Ist Ihr wichtigstes Ziel dabei, sich Luft zu machen? Oder wollen Sie vor allem, dass die Angelegenheit schnell und korrekt bereinigt wird? Bei einer falschen Lieferung wollen Sie schnell die richtige bekommen; bei einem Montagefehler erwarten Sie eine Korrektur des Fehlers etc.

! TIPP

Machen Sie Ihrem Ärger ruhig Luft – aber schicken Sie den Brief nicht ab. Formulieren Sie stattdessen neu, wenn Sie sich beruhigt haben. Sprechen Sie das Problem deutlich an, und schreiben Sie genau, was Sie erwarten. So werden Sie am ehesten Erfolg haben.

Auch hier hilft es wieder, sich in die Lage des Gegenübers zu versetzen. Was würden Sie tun, wenn jemand sich beschwert und Sie dabei angreift? Und wie reagieren Sie, wenn jemand stattdessen sachlich und klar formuliert, was schief gegangen ist und was seiner Meinung nach nun getan werden sollte?

Wenn Sie Anlass für eine Beschwerde sehen, gehen Sie am besten nach dem folgenden **Vier-Schritte-Modell** vor:

1. die Angelegenheit genau prüfen: Was ist schief gegangen? Hat der andere einen Fehler gemacht – oder vielleicht man selbst?
2. sach-, nicht gefühlsbezogen die Lage schildern
3. sich bewusst machen, was man mit der Beschwerde konkret erreichen will (zum Beispiel eine neue Lieferung oder eine Nachbesserung bis zu einem bestimmten Termin)
4. klar formulieren, wie man sich eine Behebung der Mängel vorstellt, und klare Fristen setzen

Beschwerde/Reklamation	
Falsch	**Richtig**
Es ist eine Unverschämtheit, dass Sie ...	Ich möchte mich über ... beschweren.
Ihre unfähigen Mitarbeiter haben den Termin nicht eingehalten.	Sie hatten versprochen, die Arbeiten bis zum ... abzuschließen.
Die Qualität der ... ist vollkommen indiskutabel.	Wir sind mit der Qualität der ... nicht zufrieden.
Es ist eine Frechheit, wie lange Sie uns auf ... warten lassen!	Die ..., die Sie am ... liefern wollten, sind bisher nicht eingetroffen.

Bitte

Briefkopf

Dudermann AG
Frau Silke Weigand
Schwanengasse 98

44263 Dortmund

12. September 2005

Bitte um Terminverlängerung

Sehr geehrte Frau Weigand,

heute wende ich mich mit einer Bitte an Sie: Unser Papierlieferant hat uns im Stich gelassen. Ich habe in den letzten Tagen versucht, einen anderen Lieferanten zu finden – aber leider ist es mir nicht gelungen, jemanden ausfindig zu machen, der so schnell einspringen könnte.

Deshalb muss ich Sie heute um eine Terminverschiebung bitten. Bis Ende September werden wir auf jeden Fall liefern können, das kann ich Ihnen verbindlich zusagen. Ich hoffe, Sie haben dadurch nicht zu große Unannehmlichkeiten und können bis dahin warten. Falls das nicht möglich sein sollte, setzen Sie sich doch bitte gleich mit mir unter der Durchwahl ... in Verbindung. Ich bin sicher, wir werden auch dann eine Lösung finden können.

Mit freundlichen Grüßen
Resi Hammel

Nicht immer läuft alles glatt im Geschäftsleben. Und so kommt jeder einmal in die Situation, einen Geschäftspartner um etwas bitten zu müssen. Wenn man auf den guten Willen des anderen angewiesen ist, ist bei einer Bitte natürlich besonderes Fingerspitzengefühl gefragt. Ganz gleich, ob es dabei um eine Reparatur außerhalb der Garantiezeit geht oder um eine nachträgliche Preiserhöhung.

Was also können Sie tun, um den Empfänger Ihres Briefes positiv zu stimmen?

- Versetzen Sie sich als Erstes wieder in die Lage Ihres Gegenübers. Ihnen ist bewusst, dass Sie ihm Unannehmlichkeiten verursachen. Bringen Sie das zum Ausdruck.
- Machen Sie deutlich, dass Sie im Vorfeld etwas unternommen haben, um es nicht so weit kommen zu lassen. So sieht der andere, dass Sie sich bemüht haben.
- Formulieren Sie Ihre Bitte freundlich – seien Sie also weder unverschämt noch unterwürfig.
- Wenn es möglich ist, machen Sie deutlich, dass Ihr Gegenüber etwas davon hat, wenn er Ihnen entgegenkommt (zum Beispiel einen Folgeauftrag oder zumindest einen weiterhin zufriedenen Kunden).
- Machen Sie klar, dass Sie gesprächsbereit sind und offen für Gegenvorschläge.

Dank

Herzlichen Dank,

sehr geehrter Herr Schiller,

für Ihre guten Wünsche zu unserer Hochzeit. Auch über das wunderschöne Handtuchset haben wir uns sehr gefreut – es passt perfekt in unser Bad!

Herzliche Grüße
Susanne und Werner Freiling

Der schriftliche Dank gehört zu den persönlichen Briefen im Geschäftsleben. Sie sind mindestens ebenso wichtig wie die hochoffiziellen Schreiben, denn die gute Beziehung entscheidet öfter über den Erfolg von Geschäftskontakten, als man denkt! Betrachten Sie persönliche Briefe im Geschäftsleben als notwendiges „Schmiermittel" für erfolgreiche, angenehme Geschäftsbeziehungen. Denn wem würden Sie bei gleichen Konditionen eher einen Auftrag erteilen: einem Ihnen unbekannten Partner oder jemandem, mit dem Sie bereits einen freundlichen Kontakt hatten?

Erwartet wird ein Dankesbrief auf jeden Fall immer dann, wenn Sie Glückwünsche, Geschenke, Einladungen oder Beileidsbekundungen bekommen haben. Da sich hier Geschäftliches und Privates überschneiden, ist es sinnvoll, kein geschäftliches Briefpapier für einen solchen Dank zu verwenden. Eine Karte, gern auch handgeschrieben, passt da besser, auch weil ein Dank in der Regel recht kurz ausfällt.

Gehen Sie möglichst persönlich auf das Geschenk, die guten Wünsche etc. ein. Sonst entsteht der Eindruck, Sie würden einen Standarddank an alle verschicken – und das sieht nach „Massenabfertigung“ aus.

TIPP

Dank	
Falsch	**Richtig**
Danke für die Einladung.	Vielen Dank für die Einladung zu Ihrem 30-jährigen Jubiläum/zu Ihrer Geburtstags-Grillparty/...
Über Ihr Geschenk habe ich mich sehr gefreut.	Über das praktische Grillset/die herrlichen Frühlingsblumen/... habe ich mich sehr gefreut.
Danke für Ihre Beileidskarte.	Für Ihre tröstenden Worte danke ich Ihnen herzlich.

Besonders positiv können Sie auffallen, wenn Sie sich auch einmal für etwas bedanken, für das der andere kaum Dank erwartet. Wer zum Beispiel einer besonders freundlichen Sachbearbeiterin für ihre schnelle Hilfe dankt, wird nachhaltig in guter Erinnerung bleiben.

TIPP

Einladung

Briefkopf

Hellmer GmbH
Frau Thea Schwiers
Hutstraße 6

90480 Nürnberg

14. Oktober 2005

Einladung zur Messe „Süß & Saftig"

Liebe Frau Schwiers,

vom ... bis zum ... ist es wieder so weit: Die Messe „Süß & Saftig" in ... öffnet ihre Tore.

Wir laden Sie herzlich ein, uns dort zu besuchen. Sie finden uns täglich von ... bis ... Uhr in Halle 11, Stand V.82, gleich neben dem Bistro.

Wir freuen uns auf Sie! Und bringen Sie Lust aufs Naschen mit: Viele neue Produkte erwarten Sie – und dazu gibt es noch eine sahnige Überraschung.

Freundliche Grüße
Hans Poll

Einladungen verschickt man im Geschäftsleben zu vielen Anlässen, zum Beispiel:

- Feier (Jubiläum, Geburtstag, Hochzeit etc.)
- Messe
- Tag der offenen Tür
- Eröffnung eines Geschäfts oder einer neuen Filiale

Damit die Eingeladenen auch den Weg zu Ihnen finden, sollten Sie alle notwendigen Angaben unterbringen:

- Anlass (am besten schon im Betreff nennen)
- Zeit und Ort (bei komplizierten Ortsangaben mit Zusatzinformationen und eventuell einer Anfahrtsskizze und/oder einem Lageplan)
- Organisatorisches (beispielsweise, dass man bis zum ... eine Rückmeldung wünscht, wie viele Personen eingeladen sind oder ob es Kleiderwünsche gibt)
- Antwortformular (bei großen, aufwendigen Veranstaltungen)

Formal gelten für Einladungen weniger Regeln als für offizielle Geschäftsbriefe. Es spricht zum Beispiel nichts dagegen, dass Sie farbige oder ungewöhnliche (aber immer gut lesbare!) Schriften verwenden oder auch ein Bild einfügen. Überlegen Sie einfach, was zum Anlass passt.

Entschuldigung/Reklamationsbearbeitung

Briefkopf

Herrn
Jürgen Hansmann
Südring 82

42285 Wuppertal

3. Mai 2005

Unsere Lieferung vom ...
Ihr Brief vom ...

Sehr geehrter Herr Hansmann,

entschuldigen Sie, dass wir Ihnen eine falsche Lieferung geschickt haben.

Wie ich bei einer Überprüfung unserer Bestellformulare feststellte, sind die Zeilen so eng angeordnet, dass man leicht in der Zeile verrutschen kann. Herzlichen Dank also für Ihre Beschwerde, die mir den notwendigen Hinweis für eine Verbesserung unserer Formulare gegeben hat. In Zukunft wird dadurch das Bestellen bei uns einfacher und sicherer werden.

Ich habe die von Ihnen gewünschte Lieferung heute auf den Weg gebracht und hoffe, Sie hatten nicht zu große Unannehmlichkeiten durch die Fehllieferung. Als kleine Entschädigung für Ihren Ärger habe ich der heutigen Lieferung ein kleines „Bonbon" beigelegt.

Bitte schicken Sie uns die falsche Lieferung einfach unfrei zurück.

Freundliche Grüße
Doris Kater-Weil

Fehler zu machen ist immer unangenehm, und sich zu entschuldigen fällt vielen schwer. Deshalb ufern viele Reklamationsvorgänge aus. Beide Seiten ärgern sich und verstärken durch ihre Reaktionen den Ärger des anderen immer weiter. Geklärt wird dadurch in der Regel nichts, und oft ist der enttäuschte Kunde nach einer solchen Auseinandersetzung für die Zukunft verloren. Wie Sie das vermeiden können, zeigen wir Ihnen anhand der typischen Fehler bei der Reklamationsbearbeitung.

Typische Fehler

1. Fehler leugnen

Beispiel
„Das Protokoll unserer Versandabteilung belegt eindeutig, dass wir Ihnen die von Ihnen bestellten 30 Stück Tischdecken und nicht etwa 28 Stück geschickt haben. Bitte überprüfen Sie Ihre Lieferung und Ihre Bestellung noch einmal."

Analyse
Der Kunde wird der Dummheit oder – so kann man es auch lesen – eines Betrugsversuchs beschuldigt. Eine Lösung des Problems ist außerdem nicht in Sicht.

Lösungsansatz
Die Sache wird sich nicht eindeutig klären lassen. Wenn Sie den Kunden behalten wollen, entschuldigen Sie sich einfach, und schicken Sie ihm die fehlenden beiden Tischdecken.

2. Verantwortung abwälzen

Beispiel
„Entschuldigen Sie, dass Sie die am ... bestellte Ware noch nicht erhalten haben. Meine Urlaubsvertretung wusste nicht, wie dringend diese Lieferung war."

Analyse
Der Kunde merkt sofort, dass hier jemand die Verantwortung abwälzen will. Das wirkt nicht nur unsympathisch, sondern weckt auch Zweifel an der professionellen Organisation dieses Unternehmens. Auch hier wird außerdem keinerlei Lösung angedeutet.

Lösungsansatz
Geben Sie einen Fehler oder ein Versäumnis unumwunden zu. Wenn Sie keine Ausflüchte suchen, wird der andere Ihre Entschuldigung akzeptieren. Denn er weiß schließlich, dass jeder mal Fehler macht. Erst wenn man das zu vertuschen versucht, wird es zum Problem.

3. Herunterspielen

Beispiel
„Durch einen kurzfristigen Engpass unseres Lieferanten hat sich die kleine Verzögerung nicht zuletzt Ihrer Lieferung ergeben."

Analyse
Der Kunde hat sich geärgert. Das Letzte, was er nun braucht: dass man ihm sagt, das sei doch alles gar nicht so schlimm, zumal auch andere betroffen seien ...

Lösungsansatz
Versetzen Sie sich in die Lage des Kunden. Dann werden Sie sich vorstellen können, welche Bedeutung der Fehler für ihn hat, und ihn weder herunterspielen noch übertreiben.

4. Übertreiben

Beispiel
„Wir haben bei Ihrer Lieferung einen unverzeihlichen Fehler gemacht, der Sie zu Recht so sehr verärgert hat. Bitte nehmen Sie dennoch unsere aufrichtige Entschuldigung an. Ich versichere Ihnen, dass so etwas nie wieder vorkommen wird."

Analyse
Eine so übertriebene Entschuldigung bewirkt schon wieder das Gegenteil: Der Kunde fühlt sich auf den Arm genommen.

Lösungsansatz
Auch hier gilt: Wenn Sie die Angelegenheit mit den Augen des Kunden betrachten, werden Sie das richtige Maß für Ihre Entschuldigung leicht bestimmen können.

5. Den Fehler beim Kunden festmachen

Beispiel
„Wie sich herausgestellt hat, haben wir Ihnen die gewünschte Ware genau Ihrer Bestellung entsprechend geliefert. Zu Ihrer Information legen wir eine Kopie Ihres Bestellformulars bei."

Analyse

Selbst wenn die Sache so liegen sollte und der Kunde sich vertan haben mag – Tatsache bleibt, dass er etwas anderes bekommen hat, als er wollte. Auch hier fehlt jede Aussicht auf eine Lösung.

Lösungsansatz

Versuchen Sie nicht, die Schuldfrage zu klären, sondern lösen Sie das Problem! Konzentrieren Sie sich auf die Sachlage, und bieten Sie – bitte nicht herablassend – eine Lösung an.

Nicht vergessen: Die Checkliste für Ihre Reklamationsbearbeitung

✓ Nehmen Sie den Ärger des anderen ernst.

✓ Entschuldigen Sie sich einfach und deutlich.

✓ Geben Sie einen Grund für den Fehler an, das erwartet der andere – greifen Sie aber auf keinen Fall zu einer Ausrede!

✓ Vermeiden Sie es, den Fehler zu leugnen, herunterzuspielen, zu übertreiben oder die Verantwortung auf andere abzuwälzen.

✓ Konzentrieren Sie sich nicht auf die Schuldfrage, sondern auf eine Lösung des Problems. So verhindern Sie am wirkungsvollsten, dass die-emotionalen Wellen noch höher schlagen, bis schließlich keine befriedigende Lösung mehr möglich ist.

- ✓ Bieten Sie dem anderen schnell eine für ihn sinnvolle Lösung an.
- ✓ Versetzen Sie sich in die Lage desjenigen, der sich beschwert. Dann finden Sie sowohl den richtigen Ton als auch die beste Lösung für das Problem.
- ✓ Nehmen Sie jede Beschwerde als wichtige Information darüber, wie Sie etwas in Ihrem Unternehmen verbessern können, um ähnliche Beschwerden in Zukunft zu vermeiden.

Glückwunsch

Lieber Herr Sägel,

seit zwanzig Jahren sind Sie nun schon bei der Walken GmbH, und fast ebenso lange sind Sie für mich ein zuverlässiger und immer freundlicher Ansprechpartner. Schön, dass es das in den heutigen harten Zeiten noch gibt!

Zu Ihrem Jubiläum sende ich Ihnen deshalb meine allerbesten Wünsche. Und ich freue mich darauf, auch weiterhin so gut wie bisher mit Ihnen zusammenzuarbeiten.

Herzliche Grüße
Gertrud Wagner

Glückwünsche gehören zu den erfreulichen Briefanlässen im Geschäftsleben. Typische Glückwunschanlässe sind:

- Jubiläum
- Hochzeit
- Geburtstag
- Geburt eines Kindes
- Beförderung

Einen Glückwunsch können Sie frei gestalten. Er muss nicht auf Firmenbriefpapier geschrieben sein, sondern kann beispielsweise auch handschriftlich auf einer Karte untergebracht werden. Eine schöne Ergänzung ist auch eine Grafik oder ein Zitat, und eine farbige Gestaltung ist ebenso möglich wie die Verwendung besonderer Schriftarten.

Wem Glück gewünscht wird, der bekommt in der Regel eine Menge Karten und Briefe auf einmal. Wenn Sie mit Ihrem Glückwunsch in der Masse auffallen und besonders gut in Erinnerung bleiben wollen, dann geben Sie Ihrem Gruß eine persönliche Note. Anknüpfungspunkte dafür gibt es genug, zum Beispiel:

- ein gemeinsames Erlebnis
- eine persönliche Information über ein Hobby oder eine besondere Vorliebe des anderen
- ein zum Anlass passendes Zitat (nach Stichworten geordnete Zitatesammlungen finden Sie im Internet, auf CDs oder in Zitate-Büchern)
- ein Foto oder eine Grafik

TIPP

Führen Sie eine Kartei oder Datei (zum Beispiel in Excel) über alle Ihre Geschäftskontakte. Darin können Sie zum einen wichtige Daten wie den Geburtstag oder ein Jubiläum notieren. Zum anderen können Sie darin alles sammeln, was Sie über den anderen erfahren: Hobbys, Persönliches, Vorlieben und Abneigungen ... Auf diese Weise haben Sie immer einen Anhaltspunkt, um einen persönlichen Glückwunsch zu formulieren oder auch ein passendes Geschenk zu finden.

Gruß

Liebe Frau Hammerscheid,

das Autohaus Schwenger und Sohn
wünscht Ihnen frohe Weihnachten,
ein schönes und erfolgreiches neues Jahr
und allzeit grüne Welle!

Freundliche Grüße
Erwin Schwenger

Ebenso wie für Glückwünsche gilt für Grüße: Sie sind an keine besondere Form gebunden, können frei und auch mit Grafiken gestaltet werden – und sie werden zu den üblichen Grußanlässen wie Weihnachten und Neujahr in Massen verschickt. Deshalb kommt es auch hier darauf an, etwas Besonderes zu bieten, damit der eigene Brief aus dem Berg der Grüße herausragt. Einige Tipps dazu:

- Machen Sie das Bild, das Sie zum Beispiel auf Ihren Weihnachtskarten verwenden, zu einem echten Hingucker, indem Sie die üblichen Motive (Weihnachtsbaum, Kerze, Weihnachtsmann, Schneelandschaft) pfiffig abwandeln. Mit den Clipart-Dateien in Ihrer Textverarbeitung oder Clipartsammlungen im Internet ist das kein Problem. Stellen Sie zum Beispiel eine Beziehung zu Ihrem Unternehmen her (in unserem Beispielbrief passen die Autos zum Autohaus).

- Verwenden Sie als Text nicht (nur) die üblichen Floskeln zum Anlass, sondern bringen Sie auch dort eine persönliche Note hinein. So kann ein Fitnessstudio beispielsweise „ein gutes neues Jahr mit viel sportlichem Schwung“ wünschen oder ein Autohaus „allzeit grüne Welle“.

TIPP

Wenn Sie mit Ihren Grüßen besonders auffallen wollen, dann grüßen Sie doch einmal zu einem anderen als den üblichen Anlässen! Dadurch bringen Sie sich zum Beispiel bei Kunden in Erinnerung, von denen Sie schon lange nichts mehr gehört haben, und pflegen Ihre Kontakte. Wie wäre es einmal mit einer Karte zum Erntedankfest oder zum Frühlingsanfang, zur Spargelernte oder zur Weinlese?

Mahnung

Briefkopf

Herrn
Walter Broch
Hansgasse 9

06108 Halle

12. Juli 2005

Offene Rechnung vom 14. Mai

Sehr geehrter Herr Broch,

bisher haben Sie unsere Rechnung vom 14. Mai noch nicht beglichen. Bitte holen Sie das in den nächsten Tagen nach. Eine Kopie der Rechnung lege ich noch einmal bei.

Sollten Sie den Betrag mittlerweile überwiesen haben, so dass sich Ihre Zahlung mit dieser Erinnerung überschnitten hat, legen Sie dieses Schreiben bitte einfach in die „Ablage P"!

Mit freundlichen Grüßen
Hildegard Ulmen

Eine wirkungsvolle Mahnung zu schreiben (heute nennt man sie auch freundlicher „Erinnerung“) ist gar nicht so einfach. Einerseits möchte man der eigenen Forderung Nachdruck verleihen, andererseits will man den Kunden nicht verärgern, so dass er aus Trotz erst recht nicht zahlt. Zwei Tipps helfen Ihnen dabei:

- Vermeiden Sie Ironie, Unterstellungen oder Angriffe.
- Bleiben Sie sachlich und freundlich.

Nicht immer steckt böse Absicht dahinter, wenn jemand nicht pünktlich zahlt. Möglicherweise ist die Rechnung nur verlegt worden oder der Kunde ist momentan nicht in der Lage, sie zu begleichen. Im ersten Fall reicht eine kurze, freundliche Erinnerung mit einer Kopie der Rechnung.

Bei einer ersten Erinnerung kann auch etwas Humor hilfreich sein, sofern er freundlich ist. Beispiele dafür finden Sie in unserem Musterbrief und bei der ersten Mahnungsstufe auf Seite 80.

TIPP

Wenn jemand nicht zahlen kann, wird er möglicherweise auch auf eine zweite oder dritte Erinnerung nicht reagieren. Deshalb sollten Sie ab der zweiten Mahnung diesen Aspekt ansprechen, dabei dem Gegenüber aber die Möglichkeit geben, sein Gesicht zu wahren, und ein Gespräch anbieten. (Ein Beispiel finden Sie bei der zweiten Mahnungsstufe.)

Nummerieren Sie Ihre Mahnungen grundsätzlich nicht. Manche reagieren auf eine „1. Mahnung“ aus Prinzip nicht.

TIPP

Je länger jemand nicht reagiert, desto nachdrücklicher sollten Sie mahnen. Trotzdem: Immer sachlich und höflich bleiben!

Beispiele: Mahnungsstufen		
Erste Stufe	**Zweite Stufe**	**Dritte Stufe**
Unsere Rechnung vom ... haben Sie noch nicht beglichen. Bitte holen Sie das jetzt nach. Eine Kopie der Rechnung lege ich bei.	Wir warten immer noch auf die Begleichung unserer Rechnung vom ... Wenn es einen Grund gibt, warum Sie bisher nicht gezahlt haben: Das können wir klären. Aber nur, wenn Sie sich jetzt bei uns melden.	Auf unsere beiden Erinnerungen haben Sie nicht reagiert – wir warten immer noch auf Ihre Zahlung. Da wir auch finanzielle Verpflichtungen haben, müssen wir darauf bestehen, über Ihre Zahlung bis zum ... verfügen zu können. Andernfalls leiten wir das gerichtliche Mahnverfahren ein. Bitte ersparen Sie sich und uns den Ärger, der mit einem solchen Verfahren verbunden ist.
Ob die Post unsere Rechnung verbummelt hat oder ob sie in Ihrer Ablage verschwunden ist: Bisher ist Ihre Zahlung noch nicht bei uns eingegangen. Zur Sicherheit lege ich Ihnen noch einmal eine Kopie der Rechnung bei.		

Mitteilung

Briefkopf

Frau
Ilse Paulsen
Segelstraße 82

50171 Kerpen

3. September 2005

Wir ziehen um!

Sehr geehrte Frau Paulsen,

am 1. Oktober ist es endlich so weit: Wir ziehen um in die
Wendelgasse 13, 50808 Köln.

In unseren neuen hellen Räumen erwarten Sie auf einer erheblich größeren
Ausstellungsfläche neben unseren Qualitätsmöbeln nun auch allerlei
Wohnaccessoires.

Den ganzen Oktober über wartet außerdem eine kleine Überraschung auf Sie.
Wir freuen uns auf Ihren Besuch!

Freundliche Grüße
Martin Osche

Anlässe für Mitteilungen gibt es im Geschäftsleben immer wieder, zum Beispiel:

- neuer Ansprechpartner
- neuer Vertreter
- Umzug
- geänderte Konditionen (Preise etc.)
- Jubiläumsaktion
- Tag der offenen Tür
- rechtliche Änderungen (der Gesellschaftsform etc.)

Am wichtigsten dabei: Schreiben Sie klar und verständlich. Vor allem bei rechtlichen Änderungen müssen Sie deutlich machen, was das für die Empfänger des Briefes bedeutet. Achten Sie außerdem darauf, dass Ihr Brief alle nötigen Informationen enthält.

Nicht vergessen: Die Checkliste für Ihre Mitteilungen

✓ Sind alle notwendigen Informationen enthalten? (Umzug: neue Adresse; neuer Ansprechpartner: Name, Durchwahl, erreichbar ab ...; geänderte Konditionen: neue Preisliste, gültig ab ...)

✓ Sind alle, die die Mitteilung angeht, im Verteiler erfasst?

✓ Gibt es Möglichkeiten, gleichzeitig positiv für das Unternehmen zu werben? (neue Preise: neue Rabattmöglichkeiten; Umzug: Sonderangebot, kleine Überraschung für Besucher)

Nachfassbrief

Briefkopf

Herrn
Karl Hammbach
Heinen AG
Webergasse 9

41238 Mönchengladbach

5. Juli 2005

Ihre Anfrage vom 2. Juni
Unser Angebot vom 10. Juni

Sehr geehrter Herr Hammbach,

noch einmal herzlichen Dank für Ihre Anfrage über das Texten, die Gestaltung und den Druck Ihrer Festschrift.

Haben Sie inzwischen schon eine Entscheidung getroffen? Ich würde mich natürlich freuen, wenn wir bei diesem Projekt zusammenarbeiten könnten. Da dafür ja eine enge Zusammenarbeit mit zweien Ihrer Mitarbeiter geplant ist, bieten wir Ihnen übrigens gerne an, eine unserer zentralen Mitarbeiterinnen für die Zeit des Projekts in Ihrem Hause „einzuquartieren". So wäre eine optimale Abstimmung jederzeit möglich.

Wenn es darüber hinaus noch offene Fragen gibt: Rufen Sie mich einfach an!

Freundliche Grüße
Sabine Wewes
Agentur Olbers

Ein Nachfassbrief kann in vielen Situationen sinnvoll sein:

- nach einem Vertreterbesuch
- nach einer Anfrage oder einem Angebot, auf das es noch keine Reaktion gibt
- nach einem Messebesuch

Der wichtigste Grundsatz beim Nachfassbrief: Machen Sie dem anderen keine Vorwürfe, weil er sich (noch) nicht gemeldet hat! Formulierungen wie „Sie wollten uns doch bis zum ... Bescheid geben" verärgern den anderen nur und verringern damit Ihre Chancen. Und so schreiben Sie einen wirkungsvollen Nachfassbrief:

- Wählen Sie einen aussagekräftigen Betreff. Das gilt zwar für jeden Geschäftsbrief, aber beim Nachfassen ist es besonders wichtig. Der Anlass für das Nachfassen kann ja schon eine Weile zurückliegen.
- Beschreiben Sie kurz und knapp, worum es geht.
- Bieten Sie dem anderen eine zusätzliche Entscheidungshilfe – zum Beispiel eine neue Information oder einen Zusatzservice –, die doch noch den Ausschlag für Ihr Angebot geben könnte (siehe Beispielbrief).

Rechnung

Briefkopf

Herrn
Josef Schmal
Rosenweg 8

45701 Herten

6. Januar 2005

Rechnung Nr. 1345
Unsere Lieferung vom 3. Januar gemäß Lieferschein Nr. 92832

Sehr geehrter Herr Schmal,

wir haben Ihnen geliefert:

12 Flaschen „Südseewasser" zu je 12,99 Euro	155,88 Euro
zuzüglich 16 % MwSt.	24,94 Euro
Rechnungsendsumme	180,82 Euro

Bitte zahlen Sie diesen Betrag ohne Abzug bis zum 31. Januar eingehend auf unser Konto der...-Bank Köln, BLZ...

Herzlichen Dank noch einmal, dass Sie uns Ihr Vertrauen geschenkt haben.
Wir werden alles tun, um es auch in Zukunft zu rechtfertigen.

Freundliche Grüße
Gerda Ult

Für Fragen rund um unsere Produkte steht Ihnen übrigens ab sofort unsere neue Service-Hotline zur Verfügung. Sie erreichen sie montags bis donnerstags von 9 bis 16 Uhr unter...

Eine Rechnung sollte Folgendes enthalten:

- Waren- bzw. Leistungsart
- Menge
- Einzelpreis
- Gesamtpreis (ohne und mit Mehrwertsteuer)
- eventuell Zahlungsbedingungen und Eigentumsvorbehalt; das sollte aber auch im Vertrag stehen
- Bankverbindung und Steuernummer (meist in der Fußzeile)

TIPP Erstellen Sie für Rechnungen eine Vorlage in Ihrer Textverarbeitung. So sparen Sie Arbeit und berücksichtigen alle notwendigen Angaben automatisch.

Wie Sie in unserem Beispielbrief sehen, können Sie selbst eine Rechnung nutzen, um einen kundenorientierten Eindruck zu hinterlassen. Bedanken Sie sich beispielsweise noch einmal für die Bestellung, oder zeigen Sie, dass Sie auch nach dem Kauf für den Kunden da sind (zum Beispiel: „Bei weiteren Fragen rufen Sie mich einfach unter ... an“).

TIPP Nutzen Sie außerdem das PS unter Ihrer Unterschrift (siehe Beispielbrief). Dort können Sie zum Beispiel auf einen Service, eine Hotline oder ein kommendes Sonderangebot hinweisen.

Werbebrief

Briefkopf

Herrn
Achim Weg
Ladenburg 5

33659 Bielefeld

20. Februar 2005

Fit in den Frühling!

Sehr geehrter Herr Weg,

der Winter ist vorbei, der Frühling lockt. Jetzt möchte man richtig loslegen – aber Winterspeck und Frühjahrsmüdigkeit halten viele davon ab.

Gehören Sie auch zu denen, die jetzt merken, dass sie etwas für ihre Fitness tun sollten? Aber Fitnessstudios schrecken Sie ab, weil Sie zwar fit werden, sich aber nicht in einem anonymen Umfeld quälen möchten?

Dann kann ein persönlicher Fitnesstrainer die Lösung für Sie sein. Ich erstelle ein genau auf Sie zugeschnittenes Fitnessprogramm, das Sie nicht über-, aber auch nicht unterfordert. Und trainieren können Sie mit mir in Ihrem gewohnten privaten Umfeld, statt sich erst auf den Weg in ein großes Studio machen zu müssen, wo man sich nicht individuell um Sie kümmern kann.

Mit mir werden Sie jedoch nicht nur schnell und genau nach Ihren Wünschen und Möglichkeiten fit. Sie entscheiden auch, wann Sie trainieren wollen – egal ob früh am Morgen oder spät am Abend.

Und wenn Sie jetzt denken, ein so persönlich auf Sie zugeschnittenes Programm könnten Sie sich nicht leisten: Mein Angebot ist nicht teurer als das eines guten Fitnessstudios.

Bis zum 1. Juli kann ich Ihnen außerdem ein besonders günstiges Angebot machen: Für drei Stunden pro Woche bezahlen Sie nur ... Euro im Monat!

Ich freue mich, Sie bald persönlich kennen zu lernen und Sie fit für den Frühling zu machen. Und für den Sommer. Und für den Herbst. Und für den Winter ...

Freundliche Grüße
Hans-Georg Prach

Wenn Sie die beiliegende Antwortkarte bis zum 1. April zurückschicken, bekommen Sie eine Probestunde gratis!

Viele Werbebriefe bringen die möglichen Kunden nicht dazu, interessiert aufzumerken. Stattdessen werfen sie den Brief nur entnervt in den Papierkorb. Damit Ihre Werbeaktionen wirkungsvoller verlaufen, sollten Sie sich vorab diese Fragen stellen:

- **Kennen Sie Ihre Zielgruppe?**
  Wer genau ist die Zielgruppe für Ihr Produkt/Ihre Dienstleistung? Wie denken diese Menschen, wie sprechen sie? Welche Bedürfnisse und Wünsche haben sie?

- **Kennen Sie Ihr Produkt?**
  Welche Eigenschaften, welche Merkmale hat es, die genau zu den Bedürfnissen Ihrer Zielgruppe passen? Welche Besonderheiten grenzen Ihr Produkt von denen anderer Unternehmen ab?

Auch beim Werbebrief lautet das Zauberwort wieder „Empfängerorientierung" (oder auch: „Kundenorientierung"). Zwar ist es für jede Art von Kommunikation wichtig, dass man sich in die Lage des anderen versetzt. Aber für den Werbebrief (und für das unverlangt eingesandte Angebot) gilt es am meisten. Schließlich wollen Sie damit den anderen dazu bringen, dass er Ihr Produkt kauft – und das wird er nur tun, wenn Sie „einen Nerv" bei ihm treffen.

Hilfreich beim Schreiben eines Werbebriefs ist die „AIDA-Formel", nach der auch unser Beispielbrief aufgebaut ist:

A – attention	Aufmerksamkeit erregen
I – interest	Interesse wecken
D – desire	Begierde bzw. Besitzwunsch hervorrufen
A – action	Aktion, Kaufhandlung auslösen

Um den Kunden zu einer Aktion zu veranlassen, bietet sich zusätzlich das PS an (siehe Beispielbrief). Diese Position unter der Unterschrift sticht besonders hervor; Ihre Botschaft wird dort besonders gut aufgenommen. Ein Beispiel: „Bis zum ... können wir Ihnen besonders günstige Konditionen bieten."

Nicht vergessen: Die Checkliste für Ihren Werbebrief

- ✓ Wer ist die Zielgruppe?
- ✓ Wie spricht die Zielgruppe? Was interessiert sie? Welche Bedürfnisse und Wünsche hat sie?
- ✓ Was an Ihrem Produkt/Ihrer Dienstleistung könnte für diese Zielgruppe besonders wichtig und interessant sein?
- ✓ Kann ich einen besonderen Nutzen, einen Zusatzanreiz bieten, mit dem ich mich von den Mitbewerbern abgrenze?
- ✓ Welchen Anreiz kann ich geben, damit der Empfänger meines Angebots sofort aktiv wird (zum Beispiel Gutschein, Antwortkarte, zeitlich befristetes Angebot)?
- ✓ Denke und formuliere ich kundenorientiert?

Zusage

Briefkopf

Frau Gisela Heimchen
Herrn Walter Ohlen
Bergstraße 97

38644 Greifswald

8. Mai 2005

Liebe Frau Heimchen,
lieber Herr Ohlen,

ganz herzlichen Dank für Ihre Einladung – so erfreuliche Briefe wie den Ihren findet man nicht jeden Tag im Briefkasten!

Ich komme gern zu Ihrer Hochzeitsfeier und freue mich darauf, Ihnen dann persönlich Glück wünschen und mit Ihnen anstoßen zu können.

Freundliche Grüße
Isabel Ritter

Eine Zusage – ob zu einer Hochzeit, einem Jubiläum oder auf eine Bewerbung – ist immer ein erfreulicher Anlass zum Briefeschreiben. Deshalb gibt es hier auch nicht viele Feinheiten zu beachten.

> Wichtig ist für die Einladenden oder Bewerber vor allem, dass sie möglichst bald Nachricht bekommen, um alles Weitere gut planen zu können. Sagen Sie also so schnell wie möglich zu!
>
> **! TIPP**

Einladungen zu großen Feiern oder Messen enthalten außerdem häufig eine Bitte um Informationen, zum Beispiel:

- Wann kommen Sie genau?
- Mit wie vielen Personen nehmen Sie teil?

Gehen Sie in Ihrer Zusage auf jeden Fall darauf ein, um den Einladenden die Planung zu erleichtern.

Formal gibt es für eine Zusage auf eine Einladung keinerlei Vorschriften. Sie müssen also kein Geschäftspapier verwenden, und auch ein Betreff ist nicht nötig. Sogar handschriftliche Zusagen (wenn sie kurz sind) sind möglich.

Eine Ausnahme stellen Zusagen auf Bewerbungen dar. Hier sollten Sie sich an die Vorgaben für Geschäftsbriefe halten, die Sie im Kapitel „Alles am richtigen Platz“ kennen gelernt haben.

Zwischenbescheid

Briefkopf

Herrn
Marcel Ewers
Saufelgasse 9

59071 Hamm

4. Juni 2005

Ihre Bewerbung vom 27. Mai

Sehr geehrter Herr Ewers,

Ihre Unterlagen sind bei uns eingetroffen – vielen Dank dafür.

Sie können sich sicher vorstellen, dass wir auf unsere Annonce sehr viele Bewerbungen bekommen haben. Daher wird es eine Weile dauern, alle Unterlagen zu sichten und die geeignetsten Bewerber auszusuchen.

Bitte haben Sie deshalb noch etwa vier Wochen Geduld. Wir melden uns auf jeden Fall wieder bei Ihnen.

Freundliche Grüße
Iris Gelder-Meister

Wer sich in die Lage eines hoffnungsvollen Bewerbers versetzt, versteht sofort den Sinn von Zwischenbescheiden. Denn es ist klar, dass der andere mit großen Hoffnungen auf Nachricht wartet. Ein Zwischenbescheid mit möglichst genauer Zeitangabe, wann man sich wieder meldet, ist bei einer längeren Bearbeitungsdauer dringend nötig.

Doch auch in anderen Situationen kann ein Zwischenbescheid sinnvoll sein, aus mehreren Gründen:

- um aus einer angespannten Situation „die Luft rauszulassen" (zum Beispiel, wenn sich eine Reklamationsbearbeitung hinzieht)
- um über eine Änderung in einem laufenden Projekt zu informieren (zum Beispiel bei Ansprechpartner, Zeitrahmen oder Bedingungen)
- um zu zeigen, dass man mitdenkt und die Situation des anderen berücksichtigt (zum Beispiel bei Bewerbungen)

Ein Zwischenbescheid zur richtigen Zeit ist eine kundenfreundliche Maßnahme. Sie erleichtern sich dadurch sowohl die Arbeit (weil Sie beispielsweise keine individuellen Zwischenfragen abarbeiten müssen) als auch den Umgang mit Ihren Kunden.

Ende gut . . .

Herzlichen Glückwunsch! Sie haben jetzt alles an der Hand, was Sie brauchen, um gelungene Geschäftsbriefe zu schreiben. Sie wissen, wie Briefe professionell aufgebaut und gestaltet werden, wie Sie sprachlich überzeugen und Ihre Ziele erreichen und worauf es bei jeder Briefsorte ankommt, ob Mahnung, Gruß oder Werbebrief.

Darüber hinaus haben Sie vielleicht auch schon begonnen, sich die Arbeit möglichst einfach zu machen. Wenn nicht: Fangen Sie jetzt damit an! Schaffen Sie sich eigene Vorlagen für jede Art von Brief, die Sie brauchen. Unsere Muster und Textbausteine sind ein guter Anfang dafür. Und erweitern Sie Ihre Sammlung nach und nach um gelungene Formulierungen, die Sie anderswo finden. Sie werden dadurch immer weniger Zeit fürs Briefeschreiben aufwenden müssen – und zugleich immer wirkungsvollere Briefe schreiben.

Das wird sich auszahlen. Denn mit professionell gestalteten, freundlichen und überzeugenden Briefen mit dem „gewissen Etwas“ sind Sie der Konkurrenz immer einen Schritt voraus.

Viel Erfolg!

Lektüretipps

DIN Deutsches Institut für Normung e. V.: Schreib- und Gestaltungsregeln für die Textverarbeitung. Sonderdruck von DIN 5008:2001, Berlin 2001
Die offizielle Ausgabe der DIN 5008.

Karl Grün: Der Geschäftsbrief. Gestaltung von Schriftstücken nach DIN 5008, DIN 5009, DIN 676 u. a., Berlin 2002 (2. Auflage)
DIN 5008 und andere Normen für Schriftstücke, zum Teil mit Erläuterungen.

Theodor Graf Finck von Finckenstein: Protokollarischer Ratgeber. Hinweise für persönliche Anschriften und Anreden im öffentlichen Leben, Köln 1998 (3. Auflage)
Die richtige Anrede für jeden Ansprechpartner – ob Gräfin, Minister oder Kardinal.

Gabi Neumayer / Ulrike Rudolph: Geschäftskorrespondenz von A bis Z, München 2000
Alles rund um die Geschäftskorrespondenz in Lexikonform mit kurzen, prägnanten Texten und vielen Tipps.

Gabi Neumayer: Briefe, E-Mails & Co., Frankfurt 2001
Musterbriefe für alle Geschäftsbriefe – mit Tipps zu Sprache und Stil und zur Wahl des richtigen Mediums.

Stichwortverzeichnis